「車いすの先生」、奮闘の記録

彼はなぜ担任になれないのですか

佐藤幹夫
sato mikio

言視舎

プロローグ　「障害のある先生」というテーマについて

▼「働き方改革」と私を支えるネットワーク

近年、「教員の働き方改革」とさかんに言われるようになりました。教員という仕事のあり方や、職場の環境を変えていこうという提言です。

この背景には、学校現場もまた「ブラック」になっているという現実があります。以下、少し古いデータですが、『教育と医学』九月号（二〇一八年・慶應大学出版会）を参照しながら進めていきますが、いきなり次のようなデータにぶつかりました。

過労死ラインとされる週六〇時間以上働いている割合（一日の残業時間が四時間ほど）は「小学校教諭57・8％」「中学校教諭74・1％」とあります。次に多いのが「飲食店28・4％」、「国家公務員8・7％」、小中の教員がダントツです。教職員は働きすぎるというのが昨今の〝常識〟とされるのも、これでは仕方がありません。近年はノー残業デイを設けて、定時の退勤を促す学校もあるようですが、改善に至るまでには時間がかかりそうです。

さてでは、先生たちの「働き過ぎ」が、どんな弊害を子どもたちにもたらすのか。まず、ストレスをため込み、心身に不調をきたして休職を余儀なくされる教員が少なくないという現実があるわけですが、先述した『教育と医学』には次のような報告があります。

ストレスをため込むことは「必要以上に子どもを叱る」「子どもへの対応にムラが出る」「子どもとの対話がなくなってしまう」「いい加減な授業をする」といった負の面となって現れる。当然ですね。あまりに忙しくてゆとりをなくしているとき、子どもたちへの対応も授業の質も、よくなることはまずありません。感情をぶつけるような叱責や体罰、といった不適切なかかわりに至るリスクが高まるともいいます。

子どもたちは先生の言動を敏感にキャッチしますから、子どもたちの学級内での関係も、緊張の高い、荒んだものになりやすいという報告もされています。これも当然です。こうした状態が進めば学級の雰囲気は閉鎖的になり、密室化します。荒んでいて密室化した空間こそ、イジメや暴力の温床です。

重要なことはもう一つあります。ゆとりを奪われると、教員個人が周囲から「孤立」しがちになることです。情報を共有する、助言を求める、といった自助的行動をしなくなるわけです。できなくなる。早めに手を打っておけば収められたトラブルも、そのためにこじれ、事が大きくなっていきます。ますます孤立に追い込まれる、という悪循環になる。「上司に相談しやすく、同僚教員とのコミュニケーションがうまくとれている職場はストレスが少ない」とも報告されていますが、これもまたよく分かる話です。

孤立は、被害感情を強くします。子どもたちからも保護者からも認められていない、同僚からも〝ダメ教師〟と思われている。自分の仕事の意味がつかめない。そんな被害感に捕まえられると、自信は底をつき、自尊感情を失くしていく。そうなったとき、人間はとても脆くなってしまいます。このように、働き過ぎはゆとりを奪い、孤立させ、自尊感情まで奪ってしまう。担任の途中交代など、当の教員にも、子どもたちにも悲劇です。

そうすると対応策はこの逆を考えなくてはならないでしょう。目標を明確にし、周りと共有する。遠慮なくサポートを求める。承認感情を損なわないよう、メンテナンスに努める。「孤立」をふせぐために、日ごろからネットワークづくりを心がけておく。重大な仕事を任されているとき、そうとうな無理に耐えられるのは、こうした条件が整っているからでしょう。

とすると、物理的にオーバーワークになっているという事情は間違いなくあるのですが、自分の周りにネットワークを作ることがとても難しくなった、疲労やストレスや不満を受け止めてもらえるセーフティネットが、学校のなかですっかり痩せ細ってしまった。学校の「ブラック化」とは、そういうことを意味します。

▼「障害のある先生」というテーマについて

前置きが長くなりました。

この本は、一人の「障害のある先生」を三年弱にわたって追いかけ、ある月刊誌に（応援をこめて）連載してきた原稿を再整理してつくりました。彼は三戸学さんと言います。三戸さんは電動車いすを使用していますが、働きやすい環境と条件を求めて、教育委員会という大きな組織に一人敢然と挑んでいきました。それを伝える記事に最初に出会ったとき、どう言ったらいいのでしょうか、虚を突かれたというか、いろいろな意味で自分の迂闊さを教えられたような気がしました。

私は一九七九年から二〇〇〇年まで、特別支援学校で教員として勤めてきました。また〇一年からはフリーのライターとして、「障害」をテーマとした文章を書いてきました。ところが、「障害のある先生」というテーマは脳裏のどこを探してもありませんでした。

もちろん、私の周りにそうした先生たちが皆無だったわけではありません。

少しだけ足の不自由な知人がいました。四〇代になって脳血管障害となり、そのために通常の運動ができなくなった知人も同僚として働いていました。しかし、彼らを見ていて、「支援の必要な障害のある先生」という発想はまったくありませんでした。障害が軽かったからというよりも、そういう〝フォーマット〟が、つまりは問題の枠組みが、私のなかに存在していなかったのです。

盲学校には視覚に障害のある先生が、聾学校には聴覚に障害のある先生が勤務している。そのこともちろん知っていましたが、それは盲学校、聾学校に固有のことであり、一般的な問題という受け止めは、私の中のどこを探してもありませんでした。まったく迂闊なことなのですが、それが実際のところだったのです。

「車いすの中学校教員」、三戸学さんの存在を知り、彼を応援するようにして原稿を書き始めました。そのことで、学校現場にも（当然のことなのですが）「障害のある先生」がいることが、遅まきながら私のなかで、やっと「問題」のかたちを取り始めたのです。冒頭で、学校現場がかなり過酷な労働環境に置かれていることに触れました。自分たちを守るセーフティネットが、以前に比べて劣化しているらしい点も指摘しました。ということは、先生たち一人一人が個別化し、つながりの稀薄な中で激務をこなしていかなくてはならないことを意味しています。

「障害のある先生」たちも、もちろん、この悪条件の中に置かれます。私の現場時代であれば、いろいろな人のいろいろなサポートが、あまり気にも留めずになされていたかもしれません。しかしこうした状況の中ではまずは自分の身を守らなくてはなりませんから、関係がシビアなものになるだろうことは否めません。業務／業務外の線引きも厳しくなされるでしょう。

一日四時間もの残業を迫られ、毎年五〇〇〇人ほどの教員たちがメンタルを病んで病気休職に追い込まれる（正確には、令和元年度で五四七八人、全体の0・59%という数が、文科省のホームページに出ています）。そんな時代の学校現場です。もちろん、だから「障害のある先生」への対応が疎かにされてよいなどということは、一つも意味しません。

逆です。誰もがさまざまな問題を抱え込んで、通常の業務が叶わなくなるかもしれない、いつ自分がそのような立場に置かれるかもしれない。そういう時代です。だからこそ「障害のある先生」の言葉に耳を傾け、少しでも働きやすい環境をつくっていくことは、ひいては自分の身に返ってくる。そういう問題なのだと思います。

最後に、この本の主調音を端的にお伝えしておきたいと思います。三戸さんは今年（二〇二二年）で二二年目の勤務となります。この間、希望し続けながら、一度も担任をもつことが叶いませんでした。「それはどうしてですか」と三戸さんは問い続けています。その問いかけを、一緒に考えていただけませんかというのが、この本の最大の趣旨になります。

教育界というのは、どこもそうだと思いますが、ある意味では狭い、保守的な世界です。また自分たちのメンツをとても大事にするところでもあります。だから、一教員が名前を出して社会的メッセージを発信するということを、とても嫌います。三戸さんはおそらく、「そういうことをやると、かえってあなたのためにはなりませんよ」というシグナルを、これまでいろいろなかたちで向けられてきたのではないかと推測されます。この点を確認したところ、三戸さんは次のように述べました。

「二二年間、希望し続けながら、一度も担任ができなかったということは、どうしてなんだろうと私は考え続けてきました。より多くの人に、障害のある教師の課題がどんなものであるか知ってもらいたい、その思いが一番先にあります。そして担任をやりたいというのは、あくまでも私の希望であって、誰かをけなしたり管理職を批判したり、そういう気持ちは全くありません。もしそういうふうに受け止められるのであれば、それはその人のとらえ方なのかなと思っています」

私の仕事はできるだけ自由に自分の考えを発信することですから、ところどころで、学校や教育委員会に向けてかなり厳しい批判を述べることになるかと思います。私の見解と三戸さんの考えを混同されることのないよう、注意を払いながら書き進めていきますが、三戸さん自身は希望を述べているのであり、批判の意図はないということの点は、最初にはっきりとお伝えしておきたいと思います。

「障害のある教師の課題」という言葉に含まれた三戸さんの願いの切実さと、おそらくはとても微妙な「関係」を生きてこざるを得なかったはずの微妙な心情を、どうすれば私の筆が少しでも掬い取ることができるか。一緒に考えていただく素材として示すことができるか。それが最大の願いです。

先ほど「応援をこめて」という言葉を差し挟んだのですが、それは、客観的な一取材者・記述者というよりも、私自身が応援者という「もう一方の当事者である」ことを明記しておきたかったことによります。

そしてもう一つお伝えしておきたいことは、三戸さんは秋田の中学校の教員ですが、実は秋田は、私が一八歳まで育ったところです。教育実習も、私自身の母校でやらせていただきましたし、何よりも、千葉県で正式に採用になる前の二年間、秋田で非常勤講師として教員の出発を切らせてもらったところでもあります。いわば、私の教員としての原点は秋田にあり、恩義ある身です。

本書のもとになる連載原稿の第一回目に、その時の体験を次のように書いており、それを次に転載しておきたいと思います。

はじまりはドラマティックに

〝教育〟はどこに届くのか（第1回）

「教育は誰にとどくのか」というテーマの下、これからしばらくの間、お付き合いをさせていただくことになりました。「フリージャーナリスト・フリー編集者」の肩書をつけ、ルポやノンフィクションを書いたり、インタビュー集や雑誌を作ったりして、身過ぎ世過ぎをしています。取り扱うテーマは福祉、介護、発達障害・教育、精神医療。本と雑誌が大好き、という根っからの紙メディア人間でもあります。

さてこのコーナーでは、「教員をめざす若い方々といっしょに「教育とはなんだろうか」ということを考えてほしい」、というお題をいただきました。大問題ですね。今回はわたし自身の新人時代を材料にしてみたいと思います。題して「はじまりはドラマティックに」。

わたしはライター稼業に入る前、千葉県の特別支援学校（当時は養護学校）に、二一年勤めていました。知的障害、自閉症スペクトラムと呼ばれる子どもたちとの付き合いですね。養護学校義務化の翌年です。学校も職員も若く、カリキュラムはない（文科省策定のものはあるが、現場ではとても使えない）、授業を作るノウハウもない。都内の先進校に通って情報収集に努める。そんな時代でした。でもすごく活気がありました。ここでの数年は、わたしの人生をほぼ決めてしまったといってよいほど強烈な体験の連続でした。

じつは正規採用の前、実家のある秋田県で、二年間、小学校や中学校の非常勤講師をやっていました。今回はこちらを。

出発は、ある中学の特殊学級（なかよし学級）の担任。生徒は一年生から三年生まで六人。期間は四月から七月までの四カ月間。ド新人が、大役をいきなり任されたわけです。無謀というかおおらか過ぎるというか。わたしのほうは喜んで引き受けました。二年生の国語の授業も一クラスだけ持たされ（元々、国語教員が志望でした）、部活動（野球部）の手伝いもし、土曜日曜は練習試合に同行。採用試験の準備が必要なことは重々承知していましたが、すぐに、きれいに頭から消えていました。でもそれ以上に、はるかに貴重な体験でした。

わたしのクラスの子どもたちに原級の担任はいますが、基本的なことは一人で判断しなければなりません。職員間での共通の話題は限られ、どうしても孤立しがちです。また彼らが、周りの教員や生徒からどう見られているか、彼ら自身がどんな思いを抱きながら学校に通っているか。言葉の端々に、複雑な胸のうちを感じました。わたしも複雑でした。

▼新米教師の〝感動体験〟

次に赴任したのは小学校。四年生の担任で、九月から一一月までの三カ月間。あっという間に、小学校独特の面白さにヤラレました。また難しさも。

遠足が近づいたので、あるとき子どもたち自身に班編成をしてもらったのですが、最後になって、どこにも受け入れてもらえない子が男女一人ずつ出たのです。アセリました。深刻なイジメはなかったようですが、まさか、これほどシビアな人間関係が隠れていたとは気づきませんでした。どこかの班に入れてくれないかと呼びかけても、手が上がりません。苦し紛れに「じゃあ、先生と三人でグループを作ろう」と提案すると、二人は大喜び。他の四〇数名は「ずるい！（うらやましい）」の大ブーイング。ほっとしました。

二人の気持ちを推し量ると、軽々に新米教師の〝感動体験〟などと書くことは憚られるのですが、こういうストレートな感情のやり取りができるのは四年生くらいまで。みんなが遠慮なく意見を言ってくるクラスでしたし、わたしも事あるごとに、率直に自分の意見を伝え、いわゆる〝学級経営〟の醍醐味というやつでしょうか、とても感銘深いものがありました。

終わって一二月、すぐに次の学校へ。「分校」という言葉はお聞きになったことがあると思います。「本校」から遠く離れた地域の、通年の学校ですね。わたしが赴任したのは「冬期分校」。本校のスクールバスが通えなくなる一月から三月まで、冬期間限定の本当に小さな学校です。本校は奥羽山脈の麓にあり、超豪雪地帯。その本校からさらに山の中へ八キロ。二カ所に小集落があり、それぞれに分校が開設されていました。若い非常勤教員が泊まり込んで授業に当たります。土曜の午後には家に戻り、日曜の夕方、一週間分の食料を買い込んで再び山へ。夕方、役場のブルが除雪しているとはいえ、それでもすでに三、四〇センチの積雪。こちらは免許取りたてドライバーで、夜の山道を必死で運転しました。やっと車一台が通れる狭さ。片側は断崖絶壁の雪道です。怖いもの知らずもいいとこです。

分校には二冬お世話になり、一年目は一年生から三年生までの複々式。二年目は五年生と六年生の複式。音楽と体育は合同で、それ以外の全教科を一人で担当します。これもまた無謀。苦し紛れに（？）行事をたくさん設けました。スキー大会、マット運動発表会、音楽会その他。そのつどお母さんたちに来てもらいました（父親は全員が出稼ぎで家を空けています。あるお母さんが、「学校に電気がつくと安心する」と言っていたのがとても印象深かった）。そんなわけで、とにかく集まってはみんなで会食をしていました。あるとき、本校の先輩教師が一言。「どんなに僻地でも、子どもたちがいる限り学校はないといけない。教師もいないといけない。それがあなたたちの仕事だ」。「僻地教育」とひとことで言われるけれども、車などなかった時代から、どんなに山深い場所でも「教育」という営みは続けられてきたのだ、と感じ入ったことを覚えています。

分校二校のうち一校は一九八〇年に廃校。集落も無人に。もう一つの地域は現在も一〇名ほどの方が暮らしているようです。かつて、この村だけで分校が一〇校ありましたが、すべてが統廃合され、集落も無人化しています。教育県秋田でも衰退が深刻化の一途をたどっていて、「子どもがいる限り、学校はないといけない」と痛感するのですが、いかんともし難いところです。

——以上が、一年目のわたしの講師体験です。わずか一年でこれだけバラエティに富んだ体験をさせてもらったことは、貴重この上ないこと。そして何よりもドラマティックな一年でした。本当に感謝あるのみです。どなたでもそうでしょうが、感性の豊かな新人時代に見たこと、聴いたこと、感じたこと、考えたこと、そのすべては教員としての基礎体力や姿勢を作るはずです。そう思うのですが、いかがでしょうか。

▼すぐれた教育実践者の共通点

ライター稼業を始めて一〇年を経たときに、全国の医療・介護の現場を回ってルポを書く仕事をいただいたのですが、それをまとめて本にしたとき、末尾に次のように記しました。すぐれたケアを実践している方には共通点があった、それは次の四点とし、以下のことを数え上げました。

1．相手の小さな変化を感知する高い身体能力。

2．オープンマインド。

3．フェアネス。

4．高いコーディネート力・マネジメント力。

解説は不要でしょうが、教育もまた子どもたちを支援し、ときにケアする職業です。学力の向上にとどまらず、心の大事な部分や生活の根本に、否が応でも影響を及ぼさずにはいないはずです。ハンディキャップをもっている子であればあるほど、子どもへのアンテナの張り方、心の開き方と前向きな姿勢、分け隔てなさ、子どもたちをつなぐ力、この四点は重要になるはずです。

そしてこれらは、じつは新人時代に感じたり考えたことが原点になっているようなのです。いわば、わたしの理想の教師像が基になっている。新人時代の多くが、その後の財産になっていたわけですね。言ってみれば新人時代は人生の初舞台。どう演出し、どう演じるか。ドラマティックに、というのが私からの提案です。

以上が引用です。連載の一回目ということで、少しばかりハイテンションになっています。書きながら当時のことをいろいろと思い起こし、子どもたちの顔が浮かんできたりしたのですが、その秋田に物申すことになったわけです。しかしこのテーマは、私にとってはライフワークです。さまざまな思いの中で書き進めることになりましたが、私の目論見がどこまで果たせているかは、お読みいただいた皆さんに委ねたいと思います。

いくつか、お断りをしておきたいと思います。

＊私は「障がい者」「障がい」という言葉を使用していません。これは「害」の字がふさわしくないという申し立てを受け、ほとんど議論のないまま用いられた行政用語であり、それが普及していった結果です。「害」がよろしくないのであれば、では「障」はどうか。これにもネガティブな意味が含まれています。つまり私には、障害の問題に対して、この国がいかに〝事なかれ主義〟をよしとしているか、そのことを端的に物語っている具体例だと感じます。もちろん、むやみやたらに「障害者」「障害者」と連発されることも好みません。「障害」はその人の属性の一部であって、全体ではないにもかかわらず、「障害

者」という言葉は、その人の人格のすべてが「障害」に覆われているような印象を与えます。したがって、できれば使いたくない言葉です。しかし、他に適当な用語がないゆえに、あえてこの文字を使用している、そんな事情があることを、予めお伝えしておきたいと思います。

ついでにもう一つ、「強度行動障害」という言葉もなんとかならないものかと感じます。そのように名指しされている彼らが、いかに緊張と不安の強い世界を生きているか、ちょっとしたことで混乱に襲われてしまうか。その結果がさまざまな〝問題行動〟に及んでしまうことになります。詳しくは拙著『「自閉症」の子どもたちと考えてきたこと』（洋泉社）を読んでいただけるとありがたいのですが、〝問題行動〟やパニックには必ず理由があります。しかも支援する側の不手際が関与していることが多く、つまり〝問題行動〟の問題は、私たちの目から見たときの〝問題〟であり、彼らにとってはSOSの発信です。「強度行動障害」という言葉が不用意に使用されているのを見るとき、彼らが抱えているそうした困難が一切省みられておらず、きつい言葉をあえて使うならば、支援者や治療者の側の無自覚や傲慢さが透けて見えてしまいます。この点、付言しておきたいと思います。

＊本書での肩書は、執筆時のものです。
＊引用内の（　）は、原文のままです。引用者（佐藤）による注記が必要な場合には、
〔　〕で示して記載しています。

目次

第1章
「障害のある先生」、人事委員会へ申し立てをする

1.「障害のある先生」の、働き方をめぐる訴え

▼「働く環境」をめぐる一つの訴え

二〇一九年六月一八日、WEB記事を眺めていると、仙台市で発行されている河北新報オンラインの次のような記事が目に飛び込んできました。

それは、先天性脳性まひがある秋田県の中学校教諭三戸学（当時四二歳）さんが、異動の取り消しや交通費の支給を求めて、県の人事委員会に審査請求を行なった、というものでした（記事では学校名が記載されていますが、本書では無記名にします）。具体的には

こんな事情でした。

四月から異動になった中学校は、近隣にバリアフリーの住宅・アパート等がなく、自宅からの通勤となった。そのため、管理職の自家用車に同乗させてもらっての通勤となり、送迎を受けられないときはタクシーの使用になる。往復で四二〇〇円ほどの料金となるが、これは通勤手当の対象にはならない（前任校は自宅からの通勤であり、また近距離だったので支給の範囲内で収まっていた）。管理職には申し訳ないし、自分にとっても不本意である。障害者が安心して働くことのできる環境を整えてほしい。――そういう内容でした。

秋田と言えば全国が注目する教育県です（私自身、生まれも育ちも秋田であり、この点についてはひそかに誇りに思っていました）。その秋田がどうしたんだろう。記事を目にしたときにはそんなことを考えながらそのまま過ぎたのですが、一週間ほどたって急に思い立ち、三戸さんをSNSで探し出して〝友達申請〟（それぞれの投稿記事が閲覧できたり、交流できたりするようになるサイト上の仕組み）を送ったのです。

すぐに承認の返信があったので、いきなりすぎるかと危惧しつつ、連載をしているある雑誌のコーナーで取り上げさせてほしい旨を伝え、取材依頼を差し上げました。三戸さんからは折り返しOKをいただいたのですが、秋田県教育委員会と、顧問弁護士である清水建夫さんにも取材をしてほしい、という要請が入りました。

たしかにその通りだと思いました。記事を見て断固応援しなければと決めたものの、審査請求を行なったばかりです。今後の審理にあたって、私の拙速な記事が三戸さんに迷惑を及ぼしては元も子もありません。少し考えましたが、まずは三戸さんに取材だけはさせていただこうと、スケジュール調整に入りました。三戸さんの住まいは秋田の県央地域、私の実家が同じ秋田の県南地区。お盆帰省の途中に立ち寄らせてもらうことにしました。

▼ノーマークだった「障害のある先生」問題

この間、「障害者雇用」をめぐってはさまざまな問題が明るみになっていました。企業や官公庁での「水増し」問題はその最たるものでしょう。そこで働く人々（いわゆる「健常者」）にとって、「障害者雇用」が数合わせ程度のものとしか受け止められていない現実をいみじくもあぶり出しました。言い換えれば、「障害」を持つ人々は、同じメンバーの一員としては受け止められてはいなかった、ということを明かしています。要するに〝所詮は他人事〟だったわけです。

そんな現状もあってか、「障害のある先生」の存在は、これまでほとんど表面化することはありませんでした。迂闊にも、かくいう私もまったくノーマークだったのです。いや、東京大学先端科学技術研究センターの、盲聾に障害のある福島智教授の存在は知っています。少数ながら、視覚や聴覚に障害のある先生が、盲学校や聾学校で教鞭をとっていることも知っています。しかし通常の小中学校で勤務する「障害のある先生」については、これまでメディアも取り上げなかったし、私自身考えてもみなかったことで、今回初めて、自分の不明を知らされたのでした。

さっそくインターネット書店で調べてみると、特別支援教育や発達に遅れのある子の指導についての書籍は、それこそ山のようにヒットします。沖縄のジャーナリスト山城紀子さんに『あきらめない　全盲の英語教師・与座健作の挑戦』（風媒社・2003年）という著書があることは知っていましたが、それ以外の「障害のある先生」について書かれた本は、『障害のある先生たち』（羽田野真帆他編・生活書院・2018年）が検索されただけでした。ジャーナリズムの目はほとんど向けられず、学術調査も研究も端緒についたばかりのテーマであることが分かりました（のちに登場していただく中村雅也さんの『障害教師論』（学文社）は、まだ刊行されていませんでした）。

▼文部科学省の「障害者雇用推進プラン」

文部科学省（以下、文科省）のホームページには「障害のある人が教師等として活躍することを推進する～教育委員会における障害者雇用推進プラン～」というページがあります（最終閲覧二〇二一年七月三日）。

「1　趣旨」「2　現状」「3　具体的方策と進め方」となっており、「3」がさらに、「①教師に係わる障害者雇用の実態把握（2019年度）」「②教職課程における障害のある学生の支援（2019年度）」「③教員採用試験の改善（2019年度）」「④入職後の合理的配慮（2019年度～2020年度）」「⑤障害のある教師が働きやすい環境整備（2019年度～順次）」「⑥教師以外の職員の障害者雇用の推進（2019年度～2020年度）」と細かに分けられています。

「1　趣旨」には例の不適切な計上を受けて調査したところ、都道府県教育委員会の雇用状況は他の県関係の機関よりも不十分なものとなっており、その理由は「教師の障害者雇用が進んでいないことが考えられる」としています。

「2　現状」には、実質雇用率は1・90％（法定雇用率：2・4％）で、法定雇用率達成機関（教育委員会）の割合は43・3％にとどまっていること。一部の自治体が明らかにしている例によると、「教員の雇用率は1％程度、そのうち、小学校は0・4％強、中学校は0・8％程度、高等学校は1・3％強、特別支援学校は3・7％強」となっている、などの記載が見られます。

文科省もやっと近年になって腰を上げ始めた課題だということが分かります。このようななかで、二一年間教員として勤務してきたという三戸さんは、「障害のある先生」という領域の開拓者と言ってよい存在です。まして「障害のある先生が労働環境の改善を求めて異議申し立て」をする、名前と顔をマスコミに明らかにし、自身の権利擁護のための申し立てをする、という点では貴重な先駆者です。

そして時代の趨勢にあってさらに象徴的だと思われたことは、三戸さんと知り合ってから一カ月後の参議院選挙で、れいわ新選組から舩後靖彦氏、木村英子氏という重度の障害を持つ二名の国会議員が誕生したことでした。おそらくお二人の国会での活動は、これから注目を集めていくだろうと、当事者や福祉関係者に大きな期待を抱かせるものでした。このことがきっかけとなり、三戸さんの異議申し立てもまたこれから重要な訴えとなっていくのではないか。そのように感じられたのです。

先程の文科省のホームページでは、次のこともいわれていました。子どもたちにとって、

「障害のある教師等が身近にいることは、

・障害のある人に対する知識が深まる。

・障害のある児童・生徒にとってのロールモデル（手本）となる。

などの教育的効果が期待されるところである。」

と書かれています。「障害」や「障害者」に対する偏見や不安、心理的なハードルの高さは、知らない、慣れていない、接したことがない、などが最大の要因だということはよく言われます。それが解消されれば、状況はずいぶんと異なるはずです。子どもたちだけではなく、〝通常の先生〟にあっても事情は同じだろうと思います。

また、文科省のホームページには以下のことも書かれています。

「新しい学習指導要領において対話的な学びの実現が求められる中、障害のある教師等との対話は、児童生徒等にとって、共生社会に関する自己の考えを広げ深める重要な教育資源となることも期待される」

例によって、あっという間にメディアからは姿を消したのですが、一九年六月当時、学習指導要領の改訂に伴って「深い対話による学び」が鳴り物入りで導入されました。その

詳細はここでは触れませんが、「障害のある先生」は、子どもたちにとってさまざまなことを考える重要なきっかけとなるだろう、という趣旨は至極もっともなものです。歩く、走る、話す、聞く、見る、という自分たちが「当たり前」とか「ふつう」と考えていることが、いかに「当たり前」でも「ふつう」でもないことか、たくさんの考えるヒントがあるはずです。人間の存在がどれほど多様なものであるか、驚きや感動とともに学んでいく貴重な機会となるはずですし、「共生社会」のなんであるか、生きた知見として理解されるはずです。

文科省のホームページを読みながら、そんなことを考えたのでした。

▼異動をめぐって

知り合って一月を経た七月一三日、審査請求受理通知書が届き、審査が開始されることになったという連絡が三戸さんより入りました。三戸さんにお会いするために日程調整をし、清水弁護士とも連絡を取り合いました。そして該当の教育事務所にも電話を入れ、担当者に取材の趣旨を説明し、依頼を申し入れました。

残念ながら（当然ではあるのですが）、教育委員会の側としては審査を開始したところであり、現時点では答えられることはないという解答でした。「三戸先生が生徒たちと一生懸命かかわり、がんばっている記事ならばどんどん書いていただきたい」とも伝えられました。教育委員会への取材は果たせませんでしたが、夏の真っ盛りのある日、三戸さんの自宅を訪ねることになったのでした。

取材は二〇一九年八月。三戸さんはこのとき教員歴一九年で、もはやベテランと言っていいキャリアを積んでいます。担当は数学。一八年で六校の転勤を経験していました。秋田市内の中学校二校に勤務したのち、県南部の中学校へ。そして県央地区に戻り、そこで三校目。私の高校時代の同期の何名かが秋田県の教員OBです。異動に関しては、全国どこも似たような状況なのではないかと思いますが、念のために、県教育委員会勤務から中学の校長になった親友の一人に、秋田県の異動のルールや考え方について尋ねてみました。おおむね、次のような話でした。

秋田県内を県南、県央、県北の三つに分け、基本的にはそれぞれの管轄内での異動となる。ただし退職するまでに一度は、他の管轄での勤務が暗黙の取り決めとなっている。その時期がいつで、どこに異動するかは教育委員会と本人の相談による。異動希望は出産や育児状況、親の介護など諸般の家庭事情が考慮されるが、最終的には教育委員会の判断となる。中学校は三年でワンサイクルと考えられており、三年ごとに異動が繰り返されるケースは必ずしも珍しいものではない。

担任問題についても尋ねてみました。三戸さんは希望しつづけながらも、一八年間（当時）で一度もクラス担任を任されたことがない、これは相当異例なのではないか。この点を尋ねると、友人は次のように答えました。校内人事の決定は校長権限であり、担任の可否について、「総合的に判断した」結果だと言われれば、それ以上の反論はむずかしいだろう。友人には後でもう一度話を聞いているのですが、このときにはこうした話でした。

三戸さんは異動を拒んではいません。これまでも、学校の近隣にバリアフリーの借家を探し、そこでヘルパー制度を活用しながら一人暮らしをし、通勤にはタクシーを利用してきました。住居手当は満額だと四万八〇〇〇円支給されますが、交通費はほんのわずか。タクシー代を一カ月二、三万ほど自己負担してきたといいます。そうした条件をクリアしながら、中学校教員としての職務を全うしてきました。

ところが平成三一（令和元）年度の人事異動の際、このバランスが崩れます。新任校の近隣に居住可能なバリアフリー仕様の借家を探しますが、適当な物件がありませんでした。結果、自宅からの通勤を余儀なくされるわけですが、そうすると今度は通勤方法が問題となります。

一般的には、教員の異動にあたっては前年度のうちに校長より内示があり、そこで承諾する、しないの話し合いと、調整が必要な場合は調整がなされ、転勤校が決定されるという手順が踏まれます。基本的には内示の段階でほぼ決定（のはず）です。三戸さんは内示の前に内々示があり、転勤校への通勤をめぐる話し合いが繰り返されました。その細かな内容についてはここでは省きます。ポイントだけを書くと、異動は拒まない、ただし通勤方法を明らかにしてほしい、というのが三戸さんの言い分でした。しかし通勤方法が明らかにされないまま、内示が下されることになったのでした。

結果的に、新任校の校長と教頭が交代で車での送迎をするということになるのですが、これは三戸さんにとって本意なものではありませんでした。送迎する管理職にとってもガソリン代の出ないボランティアであり（このときにはそう伝えられていました）、負担は大きい、自分にとっても精神的な負い目となる、納得できる通勤方法ではない、合理的配慮を欠いているという訴えが、冒頭の新聞記事にある審査請求という形になります。そこに至るまでは、教職員組合の働きかけや新任校の教職員による話し合いなど、いくつかの細かなプロセスを経たといいます。

▼ポイントは「働く障害者への公的支援」に移った

私は尋ねました。「三戸さんの訴えは異動の是非と交通費の支給というかたちになっているが、訴えのポイントは何だろうか」。すると、次のような答えがかえってきました。「審理請求を出した時点では、交通費の支給という課題が前面化していましたが、参議院選挙のあと、れいわの二人の議員が訴えている課題が一気に注目されました。働く環境の整備ですね。いままで私が言っていた二、三万円の交通費であれば自己負担できる、という考え方も淘汰されたと思っています。金額の問題ではなく、働く障害者の通勤に対してどう公的に支援していくのか、どう働く環境を整備するのか。そこに問題がシフトしている、というのが私の考えです」

八月二日、秋田県教育委員会による「答弁書」が提出されました。

内容は「審査請求の趣旨1．異動処分を取り消すこと」は棄却（しりぞける）、「同2．タクシー利用による通勤手当の支給」は審査請求の対象とはならないので却下（さしもどす）、以上それらの裁決を求める、というものでした。それを受けて、三戸さんの側から九月一三日まで認否及び反論書を提出する、というのが次の段階であり、二〇一九年度はそんなふうにして進んでいきました。

2.「独自の通勤支援事業」という秋田県教育委員会の「回答」

▼不服審査請求とその後の経緯

八月八日に秋田県教育委員会（以下、県教委）によって提出された答弁書を受け、代理人・清水建夫弁護士を通して、九月一一日付けで反論書を提出しました。私は内容を見る機会があったのですが、争う姿勢が鮮明になっていました。

不服審査請求に対する県教委の答弁書がどのような内容だったか、それに対する三戸さん側の反論書がどんな異議申し立てとなっているか、紹介してみたいと考えました。双方の内容に立ち入るわけですから、三戸さんに再度確認を入れると、了解した旨と合わせ、改めて県教委に取材をしてほしいという要望が届けられました。私は次の三点を質問事項として用意し、県教委に連絡を入れてみました。

・三戸学教諭より、人事委員会に審査請求が出されてからここまでの経緯について秋田県教育委員会からのコメントをいただきたい。
・八月二日付けで提出された県教委の答弁書の内容について、確認させていただきたい点があるが、その可否について。
・「障害のある先生」の働く環境とそのサポートについて、全国的にも注目されているテーマであるが、秋田県教育委員会としてどのようなかたちでの解決を望んでいるか。

この三点です。やはり、現段階では書面を通してやり取りをつづけている最中であり、これから人事委員会が示す決定を待っているところでもあるので、これに対するコメントは控えたいというのが回答でした。答弁書の作成に直接タッチしているのは県教育委員会義務教育課管理班という部署であり、内容等についての質問はそちらに尋ねてほしいとも伝えられました。

そこで義務教育課に連絡を入れ、同様の質問をしてみました。やはり現段階での回答はむずかしい、答弁書等の内容についても審査継続中であり、三戸教諭の反論書を吟味検討し、再答弁書を作成中のところであるため、この段階でその内容が外に出ることは控えてほしいという答えでした。

半ば予想されたことではありますが、内容の詳細についての報告はまかりならぬということになりました。ただし一点だけ、これは記事にしてもかまわないという情報が、教育事務所より示されました。それは次のようなものでした。

▼秋田県独自の通勤支援事業

同年一〇月一日付けで、次のような通知が県教委より出されました。

市町村立学校職員にあって、身体の障害ゆえに日常的に車いすを利用していたり、自力での通勤がむずかしいと認められるなどし、公共交通機関の利用ができないあるいは困難である場合、タクシーおよびハイヤーを利用しての通勤を認める。これは内規を変更し、県教育委員会独自の判断で予算化し決定したものである。その旨を、市町村教育委員会に通達したといいます。

「これによって、三戸教諭だけではなく、該当する学校職員のタクシー利用が可能となりました。三戸教諭も一〇月一日よりタクシーを利用して通勤しています。これはおそらく全国で初めての事業であり、どこにも例がないものだと思います」

そのような話でした。三戸さんからも、この点についての連絡がありました。清水建夫弁護士からは、「一歩前進である点は評価したい。今後の進展を注目していきたい」というコメントがありました。三戸さんはこの決定に一定の評価を与えつつも、いろいろと考えるところがあるようです。それがどんなものかは今後の進展に影響を与えるでしょうから、ここでは触れないでおきましょう。

私個人の感想を述べるならば、前例がなく、ルール策定と同時進行的にこうした決断を秋田県教育委員会が下したことは、やはり英断と言ってよいものではないかと感じました。もちろん、これが最終ゴールではありません。課題はまだまだあるだろうと思います。

公立学校の教職員は、福利厚生において恵まれている職業の一つだと思います。私も教員時代、遠慮なく有給休暇・時間を活用させてもらいました。子どもを病院に連れていってから出勤したいので午前中二時間年休（有給休暇）とか、熱が出たという連絡が保育園から入ったので早退したいから午後一時間年休とか、同僚職員と調整しつつもフル活用させてもらいました。

あるとき先輩教員にさりげなく言われました。「あなたたちが当たり前のように使っているその有給休暇は、昔の先輩たちが闘って、ひとつずつ勝ち取ってきたものですよ。覚えておいてほしいですね」。たしかにその通りです。

小学校教員をしていた私の母親は、学校のすぐそばに、生まれてまだ数カ月ほどの私を預かってくれるおばさんを見つけ（今に言うベビーシッターです）、休み時間のたびに駆けつけていっては授乳をし、終わると戻って授業をしていたといいます。六五年以上も昔の話です。産後休暇とか育児休暇といった制度が不十分だった時代のことであり、昔の女性の先生たちはそうやって仕事をつづけてきたわけです。育児のための環境が少しずつ認められてきた、働く環境が整えられてきた、という歴史が間違いなくあります。

そしていま、「障害のある先生」たちの労働環境をどう整えていくか、新しい福利厚生の制度をどうつくっていくか。三戸さんは通勤方法とそのサポート、という課題として私たちの前に示しているわけですが、それ以外にも新たな課題は出てくるでしょうし、法的な整備や見直しはますます求められていくはずです。法や制度をめぐる新たな歴史を作る時代に入ったわけです。

三戸さんは「まだまだ」と感じていることでしょうが、この決断が、ひょっとしたら全国に広がっていくきっかけになるかもしれません。「まずは一歩前進」という清水弁護士のコメントに、私自身が感慨深いものを感じたことは正直に記しておきましょう。

3．教育をどう考え、どんな工夫をしているか

▼三戸さんの教師観

三戸さんの話に耳を傾けてみます。教員という職業をどう考えているだろうか。最初にそんな問いを発してみました。

「教師という職業は素晴らしい職業だし、教師にしか味わえない感動がたくさんあります。とてもやりがいのある仕事だと思います。教師は人を育てる職業であって、そこに仕事としての充実感や達成感を感じます。とても魅力的な職業ですから、多くの若い人たちに果敢に挑戦してほしいと思います」

教え子たちに街で会い、「先生！」と声をかけてもらうことがあるといいます。子どもたちの成長を目の当りにすると素直に「うれしい」と感じるし、自分のほうも勇気づけられる。三戸さんはそういいます。

「教え子からパワーをもらい、自分ももっとがんばらないといけないと刺激を受けます。

生徒たちには、私自身が挑戦していく姿を見てもらい、そのことで何かを伝えていくことは、私自身にとって大事なことだと思っています。今回の不服審査請求をするときも、そう思いました。一人の人間として、一人の働く社会人として、一人の障害者として、堂々と主張していくことが大切だし、生徒にも、それが私の生き方であると伝えていきたいと感じていました。生徒たち一人一人が、自分の考えを主張していける人間になってほしいというのは、私の強い願いです」

さらに尋ねました。三戸さんの姿を見て、障害のある若い人たちが「自分もがんばれば学校の先生になれる」と、そう思うかもしれない。後につづく若い人たちに何かアドバイスをしていただけないか。

「まず自分のことから言えば、一人の障害者として不便だと感じていること、自分がこうありたい、こういう社会にしていきたいと考えていること。そういうことを子どもたちに語っていきたいし、それは私の教師としての役割の一つだろうと思います。まだ中学生なので今はピンとこないかもしれないけれども、これから気づいてくれることは大いにあると思うし、どこかで思い出して、生きていくパワーになってくれればと思います」

そして、教員志望の若い人たちに向けては、次のように語りました。障害があってもなくても、教師としてやっていきたいのかいきたくないのか、まずはそれが一番大事なことだと思う、と前置きをして次のように話し始めました。

「障害のある方がたは、障害があるゆえに、いろいろなことを伝えたいだろうと思います。その思いを大事にしながら、子どもたちと一緒に学校生活を送っていただきたい。障害があるということは、ある意味では強みでもあるわけですから」

三戸さんらしい、前向きな言葉です。私には「障害があるゆえにいろいろなことを伝えたいだろう」という言葉が、ひときわ強い印象を残しました。なかなか重い言葉でした。負けず嫌いでガッツあふれる三戸さんらしく、こんなことも言いました。

「教師ですから、大事なことは授業ですね。生徒たちにとっては、先生に障害があってもなくても、最終的には授業が面白いか面白くないか、分かるか分からないかだと思うのです。授業で他の教員たちとどこまで勝負できるか。教師という職業には、授業で健常の教員とサシで勝負できるという魅力があるのです。対等に勝負できる。判断するのは子どもたちです。子どもたちがもし障害のある先生を選ぶのであれば、それは障害の有無ではなく、授業の面白さ、分かりやすさ、魅力、つまりは〝人と人とのかかわり〟に動かされたからだと思うのですね」

これは一九年という経験が言わせる言葉だろう、と私は感じました。うまくいかなくて落ち込んだり挫折したりした体験を、たくさん経てきたはずです。一つ一つ乗り越えてきた人ならでの自負であり、プライドです。三戸さんは続けました。

「それは子どもたちにとって、大事な価値観を学んでいることだと思うのです。障害があるからだめだとか、障害があるから健常者よりも劣っているとか、そういう価値観ではないですね。障害があっても、いいものはいい。それを受け止める心が子どもたちに育っている。その機会だと思うのです。逆に言えば、そういう価値観を育てるのが授業です。若い人たちも、授業はぜひとも一生懸命やってほしいと思います。どういう授業だと子どもたちが分かってくれるか、私も今一生懸命やっています」

▼障害をひらく、社会をひらく

障害は強みにもなる、という話題は、思わぬ方向へ進んでいきました。

「いまの学校現場で最も重要な課題は、どうやって子どもたちの自己肯定感を高めるかということです。これは障害のある教師にとっては、ある意味では得意分野です。なぜかといえば、私自身にできないことがたくさんあるからです。

何かあると、子どもたちに『助けてくれ、手伝ってくれ』といって、ものを頼むことが多いわけです。子どもたちは助けてくれる。すると私は『ありがとう』という言葉を自然に口にします。子どもたちにとってみれば、先生から『ありがとう』なんて言われるのは滅多にないことだろうし、それは自己肯定感が高まる体験のようなんです」

〝障害をひらく〟という言葉を、私は以前、よく使っていたことがあります。自らの障害ゆえのコンプレックスや葛藤に閉じこもり、社会や他者と距離を作って生きるのではなく、障害をひらき、自分もひらいて社会のなかに入っていく。そんな生き方のことです。三戸さんの話はこのことばを思い起こさせました。もちろん社会のほうも、障害をもつ人たちに自分たちをひらいていかなくてはならない。今回の秋田県教委は交通費支給の問題で、「障害のある」先生たちに一つ、ひらいて見せたわけです。三戸さんは続けます。

「自己肯定感を高める教育はどんなものか」、「自己肯定感を高める授業はどうすればよいか」。そんなふうに方法論はたくさん語られる。しかしそれはどうしても〝机上の議論〟になりがちであり、日常の場で、ありふれた出来事を通して培われていく自己肯定感こそ大事だろう。そう言います。

「支え合いが育っていくためにも、社会全体が大きく変わっていく必要があるのかなと思いますね。障害のある教職員がもっと活躍できればいいわけですが、『障害者雇用』だから活躍するのではなく、子どもをいかに育てるかという面でも、障害をもっている教師の刺激は（教師だけには限りませんが）とても大事だと思うのです。先ほど、教師というのはすごく魅力的な仕事だと言いました。くり返しますが、若い人たちには果敢に挑戦してほしいですね」

こうやって積極的に主張する三戸さんですが、私は、とても自然体であることを感じていました。三戸さんに『僕は結婚できますか？』（無明舎）という本があります。なかに「図形を書けない数学教師」と題された文章があり、こんなことが書かれていました。

数学教師として教壇に立った当初、黒板に定規で線を引いたりコンパスを使うことが苦手で、うまく描こうとすればするほど緊張してしまう。高校のときの数学教師が「コンパスをうまく使えるようになれば、一人前の数学教師だ」とよく言っていて、自在に美しい図形を描くその教師に三戸さんはあこがれをもった。自分が数学教師を志したとき、定規やコンパスを使って図形が正確に描けず、数学教師が務まるのかどうか、とても悩んだという、そういう話です。

それでも数学教師になりたかった三戸さんは、生徒たちの前に立ったときにどうしたか。

コンパスは特別仕様のものを使い、直線はフリーハンドで描くことにした。当然、線は曲がります。その図形を見せ、「先生はこんな曲った線になっていますが、皆さんは定規を使って、ちゃんときれいな線を描いて下さいね」と冗談をいって生徒たちの笑いを引き出す。そうやって進めるようにしたというのです。

それでもときどき、「自分が図形を正確に描くことができれば、生徒たちの成績はもっと良くなるのではないか」と悩んだ。保護者に相談すると「先生、考えすぎだ」と一言いってくれ、気持ちが楽になった。こんなエピソードが書かれていました。そうやって一つずつ乗り越えながら、自分の「障害」に対して自然体で向き合えるようになっていったのだろう、「障害」をひらいていったのだろう、と私は推測しました。また、取材ではこんなことも話してくれました。

「私の話す言葉を聞いて、生徒たちは数学の内容を理解するわけだから、相当むずかしいと思うのです。でも実際にそれをやっているわけだから、客観的に見るとすごいなと思うんです。ただ聞くだけではなく内容を理解しないといけないわけで、生徒たちにとっては相当ハードルが高いんじゃないかと思うんだけど、ちゃんと理解してくれる」

少しだけですが、三戸さんは〝話し方〟にもハンディキャップがあります。そのことを自覚してのことです。

「もちろん『つまんない』『分かんない』と言われたときは、自分の指導方法を見直さないといけないなと思います。生徒は正直に言っています。でも、障害があるから分からないとは言っていなくて、普通に、純粋に分からないと言っています。だから私も真剣に受け止め、どうすれば分かるようになるか考えます」

「分からない」という生徒たちの正直な反応は、教え方がその生徒に合っていないのではないか、そう考える貴重な機会だと受け止めている、と三戸さんはいいます。生徒たちに数学の自信をつけさせたい、数学が好きになってほしい、それが目標だともいいます。

▼「新しい卓球部を作ってほしい」

取材中、私がちょっと驚いたのは前任校で卓球部の顧問をしていた、という話題になったときでした。三戸さん自身も大会に出場する現役選手であり、それまで一緒にトレーニングを積んできたといいます。そうやって二年間卓球部の監督を務め、女子団体チームを学校で初めて全県大会への出場に導いたというのです。

「何がよかったかというと、四月の初め、卓球部の生徒や保護者の間に、私と生徒たちで新しい卓球部を作っていってほしい、という合意ができたことです。私は『自分はこういう体だから、卓球の練習をしているといっても、やれることには限界があります。子どもさんが本格的に練習をしたい、勝ちたいということであれば、前年度までコーチがいたので、そのコーチをつけることを考えてもいいですよ』と言ったのです。すると、『三戸先生にやってもらいたい。そこに私たちは価値があると思っている』。保護者がそう言ってくれたのです」

他校に練習試合に行くときは、先生の送り迎えくらいしてもいいから、気にしないでやってほしいとも言ってくれ、三戸さんは意を決し一人で卓球の指導をしたといいます。とはいえ大変だったと思いますが、苦労はなかったですかと尋ねました。

「卓球も他のスポーツも、いまインターネットの動画がありますね。子どもたちは動画を観ればすぐ真似ができるようになるのです。本で読むより動きが分かります。私も毎日インターネット動画を観ながら使える動画をストックし、必要なときに生徒たちに動画を見せ、技術的なことを教えています。子どもたちはどんどん力をつけていきました。技術指導はそれで十分です」

技術指導は動画がやってくれる。それをフルに活用すれば、経験者でなくてもスポーツの指導ができる。そういう時代なのだと改めて思います。もちろんそれだけではなく、三戸さんはスポーツ指導者としてどうあるべきか、勉強をしたともいいます。

「部活の指導者にとって一番大事なのは、自分に競技経験があるか、指導技術があるかということ以上に、選手のやる気を引き出し、メンタルをどう支えるかです。あとは体のどこをどう使えばもっとよくなるか。練習量をどれくらいやらせるか。ただ球を打っていればいいという時代ではなくなっています。マネジメント力といいますか、それは勉強しました。いろいろな指導者に会って話を聞くようにもしました」

三戸さん自身も選手として強くなりたいと考え、専属のスポーツトレーナーを頼み、筋トレをしたといいます。体幹を鍛えるにはどうするか。どのクッションボールを使えばどこが鍛えられるか。文字通り選手たちと一緒に学んでいったわけです。

「女子選手の練習メニューも作りました。うれしかったのは、選手たちが付いてきてくれたことです。ありがたいことに、先生の指導が分からないとか、何のためにこれをやっているのか分からない、ということがなかったことでした。三年生の春の大会で初めて全県大会に出場し、そこから選手も変わり、私も変わりました。親たちも変わっていきました。ほんとうに貴重な体験でした」

この章の最後に次のことを加えておきたいと思います。

三戸さんが訴えていたのは、まずは異動をめぐる問題、交通費の問題ともう一つ担任問題でした。三戸さんは二〇年のキャリアがありながら、それだけの期間、一度も学級担任を経験できませんでした。そのことについて納得のいく説明を受けたことがない、ぜひ担任にしてほしい。そういう希望です。二〇年間担任ができずにいるというのは、どうしても不自然さを感じます。

これは私の考えですが、授業や部活動の指導と並んで、担任としての学級経営はなんといっても中学校教員としての腕の見せ所であり、醍醐味です。秋田は全国に名をはせる教育県です。通勤問題に関しては県教委の英断がありました。この問題に関しても、教育県秋田ならではの全国に先駆けた叡智あふれる判断を示してほしい。強くそう感じました。

これが、三戸学さんという「車いすの中学校の先生」との最初の出会いです。三戸さんの「闘い」は、これから続いていきます。その闘いは、「県教育委員会―市町村教育委員会―管理職―学校現場」という一つの大きな組織との間でなされる権利擁護のそれであるとともに、ときにはそれ以上にもっとさまざまなものを含んでいました。

第2章
教員の働き方を「障害のある先生」から考える

1.「障害のある教職員ネットワーク」から

▼「障教ネット」の会合に参加して

三戸学さんについて、ここからどう展開しようかと考えているとき、三戸さんより「今度、障教ネットの全国集会が東京あるので、来てみませんか」という誘いをいただきました。主催は日本教職員組合（以下、日教組）。取材交渉を入れてみると、「障害という微妙な問題であることと、個人情報が漏れることを望まない参加者もいるため、取材ではなく傍聴ならばＯＫです」という返事をいただきました。傍聴なので詳しい記事を書くことはできませんが、足を運んでみることにしました。
「障教ネット」とは「障害のある教職員ネットワーク」の略式名です。日教組のなかの一組織で、参加されている全員が「障害のある先生」でした。七四名が会員として登録しているといい（二〇一九年現在）、この日の参加者は二〇名ほど。とても勉強になりました。三戸さんがここで知り合う仲間たちにいかに支えられてきたか、ということもよく分かりました。

基調講演をされたのは全盲の弁護士さん。これがとても素晴らしいものでした。さらに印象深かったのが、講演の後、質問に立った先生たちのその内容です。質問ではあるのですが、自分の置かれた窮状がいかに大変か、どうすれば少しでも改善できるのか、という相談でもあったのです。常勤の方、非常勤の方、立場はいろいろで、障害も、身体、視覚、メンタルの方とそれぞれです。その方たちに固有の「働きにくさ」が質問（相談）の内容です。

うまく補助教員と協力関係が得られない、職場内での人間関係が難しい、管理職の対応がひどい、そんな内容でした。三戸さんも、一九年間学級担任を持たせてもらえないことへの解決策はないか、と助言を求めていました。講演者の弁護士さんは一つ一つの問いに、打開となりそうな法律を引き、それをどう使えば解決のヒントとなるかを示唆していくのです。驚くほど的確で、弁護士としての力量の高さを感じさせるものでした。

▼「障害のある先生」と教員の働き方改革

帰路、この日の出来事を思い起こしながら、これは「教員の働き方改革」に直結する問題ではないか、と直感しました。今日の「障害のある先生」が示した問題は、多くの〝働きにくさ〟を抱える先生たち一般の問題として取り出せるのではないか。「障害のある先生の働き方のサポート」と「教員の働き方改革」の二つをつなぎ、適切な問いの形にできれば、「教員の働き方改革」への提言のようなものを取り出せるのではないか。「障教ネット」に足を運んで以来、そんなモヤモヤが頭のなかで回っていました。

「プロローグ」で、少しだけ「教員の働き方改革」について取り上げています。そこでは、教員の労働時間がどんな厳しい状況にあるか、データを借りながら触れました。さらに踏み込み、一人ひとりの実情や、現場のナマの声を拾い上げている資料はないだろうか。そんなことを考えていたときです。見事なタイミングで、知人の赤田圭亮さんより『わたしたちのホンネで語ろう　教員の働き方改革』（岡崎勝・赤田圭亮編、日本評論社、二〇一九年）

という著書が贈られてきたのです。

赤田さんは横浜市の中学校で国語科の教員として勤め、いまは退職しています。勤務の傍ら組合活動にも力を注ぎ、教育とは何か、働く教員の労働者としての権利をどう守るか、「教育改革」と称されて行なわれてきたこれまでの施策が、いかに現場を無視したものであったか、それがどれほど学校現場を混乱させ、教員の負担を大きくしたかなど、旺盛な執筆活動をつづけてきました。

教育問題や学校問題への鋭い批判者ではありますが、分析の的確さとバランスの良さ、文章から垣間見える現場教員としての力量の高さに、私は高い信頼をおいてきました（氏の『教育改革とは何だったのか』〔日本評論社〕は、非常に優れた仕事です）。そんなこともあって、私が編集・発行する個人誌にもたびたび登場していただきました。そんな赤田さんの手になるムックです。すぐに、のめりこむようにして読み始めました。

私なりに簡単にまとめてみます。基本は、どうして教員の労働時間がここまで膨れ上がってしまったのか。現状の報告、歴史的経緯、多忙さを作っている学校のあり方への批判的分析。それがアウトラインです。

さまざまな要因が複雑に絡み合っていますが、さらに大雑把に分類するならば、一九六〇年代や七〇年代以降、法的根拠はないが、延々とつづけられてきた慣習的要因、「教師なんだから」「子どものためなんだから」やって当たり前、という見なし。それは社会や保護者から向けられる〝まなざし〟であるのみならず、教師自身にも深く内面化され、教師間における暗黙の、評価の物差しになっています。

加えて、二〇〇〇年代から顕著になる新自由主義的な規制緩和。「教育改革」と称して学校を覆っていく競争と評価と自己責任の原理。いうまでもなく、保護者と子ども、教員の意識も変わっていきます。個人主義的傾向が肥大化していくわけです。以降、忙しさが質と量を変えて膨れあがっていく。こうしたさまざまな問題が、各執筆者によって俎上に載せられていく。これが本書の概要といっていいだろうと思います。

目次を見ると、真っ先に取り上げられているのが部活動問題。さらには労働問題として、減らない残業、取得できない休憩、確保されない研修、保護者との対応の難しさなどが論じられていきます。忙しさの根本には何があるのか。

冒頭で岡崎勝さん（元小学校教員）によって、現代教育の特徴は「上意下達の国民教育」と、「日本型学校教育の総合的指導」である、と指摘されます。いうところは、授業のみならず、しつけや生活指導、部活動、校外活動など、子どもたちを丸ごと世話する教育制度だということです。

ここからさまざまな問題が派生していく。自己責任の原理は管理職にも及びますから、勢い、管理職にとって不都合な問題は矮小化され、ときには隠ぺいされ、事あるごとに責任は現場の一教員に転嫁されるなど、好ましからざる事態は増えていくことになります。それが、単に多忙であるだけでなく、教員を〝逃げ場のない〟ところへと追い込んでいく要因になっている。おおむね、そういう趣旨で、一つ一つが、私にも思い当たるところの多い記述になっています。

読後、学校と教員をめぐる状況はここまできてしまったのか、と思わざるを得ませんでした。「ここまで」というのは、ビジネスライクに割り切らなければとてもではないが身が持たない、そんな状況がここまで推し進められてしまったか、という意味です。

もちろんこの本は、赤田さんと岡崎さんを中心とした、学校の現状に対する強い批判と問題意識をもつ教員たちの手になるものですから、そこから拾い上げられた〝学校のいま〟であり、これがすべてでないことはいうまでもありません。しかし間違いなく、学校がいかに息苦しい職場になってしまったか、その現状を余すところなく伝えています。

▼「働き方改革」から抜け落ちている視点

大いに勉強になったことは間違いないのですが、一つだけ気付いたことがありました。ここで論じられている「働き方改革」は誰のためか。もちろん教職員です。ところが、ここで想定されている教職員は「障害をもたない先生」、一般の先生たちです。「障害のある先生」にかんする記述は、一人だけを除いてまったく登場してこないのです。

子どもの人権や、教育労働者としての権利に、鋭敏で高い意識をもつ執筆陣です。そのような論客たちにあっても、ましてやテーマが、労働条件や労働環境をどう整えるかという「働き方改革」であるにもかかわらず、「障害のある先生たち」への視点が抜け落ちているのです。

赤田さんからせっかくいただいた著書へ、苦言を寄せるような内容になり始めていますが、苦言や批判ではなく、「教員の働き方改革」を考えるにあたっての、新たなヒントとなるような視点を提供できないか。それ故の指摘だと受け取っていただけると、私としてはありがたいところです。これからの学校現場にあって、「障害のある先生」たちの存在は大きくなっていくでしょうし、その発言も重要性を増すであろうと考えるからこその提言です。

二〇一八年度の幼稚園を含む教員数は一〇〇万人強、障害のある教員の実雇用率は1・90％。文科省のホームページからのデータです。ざっと二万人近い「障害のある教員」が雇用され、働いているのです。法定雇用率には達していないとはいえ、これは決して少なくない数でしょう。

「障害のある先生たちにとっての働き方改革とはいったいなんだろうか」。「障害のある先生たちが含まれていない教員の働き方改革とは、事の半面にしか過ぎないのではないか」。「障害のある先生たちが働きやすい職場は、一般の教員にとっても働きやすいのではないだろうか」。いろいろな問いが浮かんできます。

「インクルーシブな学校を創っていくことが教員の働き方改革につながるのです」

執筆者の一人はそう書いています。論文全体が子どものインクルーシブ教育という文脈での指摘であり、そこに「障害のある先生」は含まれていないのですが、教職員についてももちろん当てはまるはずです。自分の隣にいる「障害のある先生」との間でインクルーシブな関係を築けないとき、子どもを相手にインクルーシブ教育と言ってみたところで〝絵に描いた餅〟です。「インクルーシブ」は包摂と訳されますが、私のイメージでは、ただ一緒にいるだけではなく、混ざり合っていること、そこに相互交流のネットワークができ上がっていること。そんなふうになります。

2.「健常者」もまた「配慮」を受けている

▼「障害のある先生」の困難を現場がどう受け止めるか

『私たちのホンネで語ろう　教員の働き方改革』についてのここまでの感想を、編者のお二人にお送りしたところ、赤田圭亮さんより返信をいただきました。許可を得たので一部を紹介します。赤田さんは次のように書いていました。

「今回のムック本ではほとんどその〔「障害のある先生」の〕視点に立つことができず、一般的な教員の労働の惨状批判に留まってしまいました」「働き方の問題として、そこにさらに深めなければならない問題が山積していると思います」

まっすぐに受け止めていただいたようで、まずは安心しました。

赤田さんは、もちろん「障害のある先生」の存在を深く受け止めています。発達障害やメンタルに困難を抱える若い教員たちの相談に乗り、その窮状を訴えるために教育委員会や管理職との交渉を重ねた経験をもっています。私への返信では、「障害のある先生」の困難な現状をどう理解してもらうか、その取り組みがいかに難しく苦渋に満ちた体験だったか、そうした点についても言及していました。現場で実際にどんな困難に出会い、周りの教員からどのようなサポートを得られるか、あるいは得られなかったか、その報告はとても貴重なものだと思います。

この間いくつかの資料を探してみたのですが、一般の先生たちが「障害のある先生」の存在をどう受け止めているのか、いま、さまざまに言われるようになった「合理的配慮(*)」をどう受け止めているのか、といった趣旨の意識調査は見つけることができませんでした。「障害のある先生」といっても多種多様です。三戸さんのような「車いすの先生」だけではなく、視覚や聴覚にハンディをもつ先生、高機能自閉症スペクトラムという特性をもつ先生もいるだろうと思います。

メンタル面の問題を含め、本人が自身のハンディキャップを知ってほしいと考えるか、とくにその必要はないと考えるか、ここには微妙な問題が存在するのですが、ともあれ、現場の先生たちがどう考え、どう受け止めているか。そうした問題を含め、教員の労働問題のスペシャリストである赤田さんがこの問題をこれからどう深めていってくれるのか、大きな期待をもって待ちたいと思います。

（＊）「合理的配慮」については、文部科学省のホームページに、次のような記載があります。

「（1）障害者の権利に関する条約「第二十四条　教育」においては、教育についての障害者の権利を認め、この権利を差別なしに、かつ、機会の均等を基礎として実現するため、障害者を包容する教育制度（inclusive education system）等を確保することとし、その権利の実現に当たり確保するものの一つとして、「個人に必要とされる合理的配慮が提供されること。」を位置付けている。

（2）同条約「第二条　定義」においては、「合理的配慮」とは、「障害者が他の者と平等にすべての人権及び基本的自由を享有し、又は行使することを確保するための必要かつ適当な変更及び調整であって、特定の場合において必要とされるものであり、かつ、均衡を失した又は過度の負担を課さないものをいう。」と定義されている。」

▼障害観の変遷をたどって

私がなぜ、周囲の先生たちが、「障害のある先生」たちがぶつかっている困難を共有することは教員全体の「働き方改革」にとって有益なものとなる、と直感したのかといえば、ユニバーサル（デザイン）という考え方が強くあったからです。私なりに簡単にまとめて言えば、「障害をもつ人への利便的・合理的な配慮は（あるいはそこでデザインされた商品や施設・建物は）、誰にとっても利便性の高いものとなる」という考え方です。

例えば近年、テレビの報道やその他、多くの番組で字幕が出るようになりました。聴覚障害をもつ人への配慮から始まったのでしょうが、これは多くの人にとっても有益なものです。駅などの公共性の高い施設でエレベーターやエスカレーターの設置、段差の解消が進められていますが、車いすを使用する人への配慮が、多くの人にとって利便性が高いものとなる。近年では音声表示される時計、触れただけでシャンプーとリンスの区別ができる容器、また前後の区別のない衣類なども開発されています。

このように「障害」や何らかの困難をもつ人へ配慮された製品、施設・建物は、誰にとっても有益なものとなる。それがユニバーサル（デザイン）です。そして、この背後にあるのが「バリアフリー」という考え方なのですが、「バリアフリー」は、基本的には障害のある人を対象とした理念でした。「ユニバーサル（デザイン）」は一歩進み、より普遍性・一般性をもつ考え方として打ち出されるようになったわけです。

ここには障害観の歴史的変遷があります。あくまでも私なりのまとめです。学術的な観点からは穴の多いものだろうとは思いますが、現場にいて、障害のある子どもたちと暮らしながら、現場での論議の際に、使いでのいいものとしてアレンジしてきたまとめです。「バリアフリー」は「国際障害分類」（ＩＣＩＤＨ・一九八〇）を背景に持つものですが、そこでは「障害」のあり方が三つのレベルに分類されました。心身の機能障害(impairment)、そのことから生じる日常的能力不全（disability）、それらがもたらす社会的不利益（handicap）。三番目の社会的不利益の解消が、「バリアフリー」という考え方となり、当初、画期的だと受け入れられました。

八〇年前後のこの時期（知的障害の養護学校でのこと、と限定されますが）、「発達」と「課題」という考え方が重要視されていました。のちにさまざまな批判を受けるのですが、「発達保障」とか「全面発達」と言われたり、「発達課題」と言われたりしました。また「課題の生活（環境）化」「生活（環境）の課題化」などともいわれたりしていました。いずれにしても考え方や方法はどうあれ、子ども個々に働きかけて、できるだけ自主的で自律的な活動を引き出していく、結果として困難の改善を図っていくという基本的なスタンスは、共通していたのではないかと思います。

私は「養護学校義務化」の翌年に現場に入っていますから、まさにこの年代です。文科省が用意していた教育課程や教材はとても使えない。若い教員たちが混沌と混乱の中で知恵を出し合い、少しずつ発達や課題が精査され、教材が工夫され、学習内容が整えられていった、そしていま書いたような方向へと進んでいった。ざっと振り返ると、こんなふうにまとめられるかと思います。

やがてＩＣＩＤＨも、「障害」のみをターゲットとしていること、しかも「障害」をネガティブなものとして捉えていると批判されるようになり、二〇〇一年にＩＣＦ（「生活機能・障害・健康の国際分類」）として全面改訂されます。否定面を取り上げ、それをどう改善するかという発想に立つのではなく、現在「していること」「できていること」を積極的に捉え、より総合的に、その存在全体の支援を考えていこうとするものです。

この変化は、「ノーマライゼーション（共に暮らし共に生きる）」から「インクルージョン（社会的包摂）」という考え方への変化に、対応づけることも可能かもしれません。あるいは医療モデルから生活モデルへの変更とも符合しているでしょう。

▼「合理的配慮」とはどのようなものか

思い切り雑駁に「障害観」や「支援観」の変遷について書きつづけてきましたが、この変化のなかでの重要なポイントは次の三点ではないかと思います（以下も教科書的な記述ではなく、あくまでも私の個人的な受け取りです）。

一つは、変わるべき（変えるべき）は「障害をもつ人」ではなく、私たちと社会のほうだということ。いわゆる「医療（治療）モデル」から「生活モデル」への転換です。もう一つは、「共に生きる」の「共に」のあり方が、変わってきたということです。そしてもう一つが、当事者の意思や発言の尊重です。つまり「共に」というもののあり方が、いわゆる健常者目線だったり、上から降りてくるものではなく、当事者の人たちの意思や希望をも十分に汲み取ったものであることが求められるようになった、そのような変化だろうと思います。

これもまた私なりの受け取りですが、たとえば「養護学校義務化」は、どんなに障害の重い子でも学びの機会を保障することが、彼らの権利擁護にとって重要課題であり、ひいてはそのことが「共に学ぶ」ことになっていくと捉えられていました。ところがそれは学びの場を「分ける」ことである、と批判を受けるようになります。

そこで、共に学ぶ機会も場所も、同時に保障する必要があるということで用意されたのが、特別支援教育が導入された本来の目的ではなかったかと思います。辞職する前年、教育委員会より集められて「特別支援教育導入の目的」についての説明を受けたのですが、私はそこで、そのように受け止めました。

ところがこれが、あっという間に形骸化していったようなのです（この点は後述します）。要は、「どこで学ぶか（学びたいか）は、自分で決める」ということになるわけですが、いずれにしてもさまざまな変化がありながらも、この三点が二〇年から三〇年のあいだの大きな変化ではないかと思います。

さらにもう一つ重要な変化があります。障害者権利条約が〇七年に日本で採択され、一四年より効力が発生したことによって、「合理的配慮」が重要な概念になっていくことです。先ほどその定義を紹介しましたが、簡単にいえば障害ゆえの不利益の解消は、「特権的受益」ではない、障害のない人たち（いわゆる健常者）もまた、さまざまなかたちで

「配慮」を受けながら社会生活を送っているのであり、そのことと全く同等である、と法によって根拠づけられたことです。言い換えれば、発想の転換があった（あるいは求められた）こと。

よく言われるように、社会は「多数者＝健常者」を標準として制度設計されていますから、私たちはなかなか気づかないのですが、労働基準や服務規定、福利厚生も、じつは私たちが受けている「配慮」です。健常な人間の働く「条件や環境＝福利厚生」が少しずつ整えられながら現在に至ったように、「合理的配慮」が具体的に何であるかも、またどのようなものが望ましいのかも、これから少しずつ整えられていくのだろうと思います。合理的配慮とはこのようなものである、と具体的に明文化できるものもありますが、これからさまざまな機会を見ては話し合われ、相互確認がなされていく。そういう流動性を含む概念だろうと思います。

細かな実証研究は学者の先生たちにお任せすることにして、現場風にアレンジしたときに、以上のような大まかな見取り図を私はもっています。

三戸学さんの問題に置き直して考えてみましょう。

公共の交通機関の利用がむずかしい地域では、当然のごとく自家用車での通勤になるわけですが、しかし、「通勤に自家用車の使用を認める」というのは、いうまでもなく「配慮」として認められてきたものです。電車やバスでの通勤が当たり前だった時代には、車での通勤は例外ケースであり、交通費支給も原則公共交通機関で算定されていたはずです。しかし電車やバスの衰退に伴い、「車での移動が一般的」という考えが当然のことになっていき、制度設計のほうも変更されていったわけです。

車の運転ができない人にとっては、遠隔地での勤務は社会的障壁（バリア）になり、したがって運転免許証を持っていない人を、交通の便の悪い遠隔地へ異動を命じたりすることは、できるだけ避けるはずです。とするならば、宿舎を用意するなり、なんらかの手立てを講じるでしょう（実際、私の高校時代、住まいが遠隔地にある教員数名は、学校のそばに用意された宿舎に仮住まいしていました）。

だから車いすを使用する三戸さんが、通勤可能な職場への異動を求めたり、タクシー使用にあたって通勤手当の支給を訴えたりすることは、「交通の便が悪いので自家用車の使用を認めてほしい」「運転免許がないから宿舎を用意してほしい」という要求と、同等の申し立てです。「障害者のわがまま」でもなんでもなく、働く人間にとって、法によって定められた権利の当然の行使です。

これはほんの一例です。ただしこれは見えやすい例であって、なかなか気づかれにくく、共有されにくい、説明もしにくい、そういう障壁もまた存在するはずです。共有されにくいがために、その改善を求めることが、ときに「障害者のわがまま」と見なされてしまうことも少なくないに違いありません。この線上に、合理的配慮をめぐる厄介な問題が顔を出すことになります。

この章の冒頭で紹介した「障害のある教職員ネットワーク」の分散会では、先生たちの「困りごと」がたくさん出されたと言います。三戸さんより情報を提供していただいており、次はそこから考えてみたいと思います。

3.「障害のある先生」の困りごとはどんなものか

▼「障害のある先生」の困りごと

「車いすの先生」三戸学さんから、「障害のある教職員ネットワーク」の分散会で、次のような「困りごと」出されたと教えていただきました。テーマ別に記載してみます（○は考え方、●は制度に関するもの。文責は佐藤）。

〔日常の授業や学習の指導について〕

○「介助員やアシスタント配置の必要性があるが、はたされていない」

○「修学旅行や遠足の引率経験がない。『引率は本人の負担になるから』と、担当を外すことが本人に対する管理職の合理的配慮と受け取られているが、本人は適切な合理的配慮を受けて引率業務をこなしたいと希望している」

〔授業外の校内外の研修、組織に関連するもの〕

○「実際に困ったことがあったとしても、誰に相談したらよいか分からない。相談支援体制の確立と充実を希望する」

○「身体障害など見た目でわかる障害だけでなく、精神障害、内部障害、発達障害など、見た目で分からない障害について、研修などを通じて理解を深める場を設定してもらいたい」

○「ハラスメント、職員間のいじめは、弱い立場の人に起こる。障害のある教職員は、ハラスメント、いじめの対象となることが多い」

〔教育現場全体に関連するもの〕

●「病気休暇制度の拡充をお願いしたい。内部障害の方には週一回の通院が必要な方もいる。生きるために必要な通院である。週一回の通院では病気休暇を使い切ってしまい、それ以後の通院は欠勤扱いになる。欠勤扱いにならなくてもすむよう、病気休暇制度の拡充が必要」

○「人事異動は精神的な負担が大きい。定期的に職場が変わることに精神的なストレスを感じる。在職期間を長くするなど配慮をお願いしたい」

○「校長、教育委員会の担当者と話し合う機会はあるが、形式的なものばかり。本人の意向に沿った話し合いの場を」

○「学校施設は避難所にもなるので、バリアフリー施設にすべきである」

○「子どもに助けてもらうことには教育的効果がある。このことを同僚に理解してもらいたい」

○「障害者活躍推進計画を作成するとき、障害当事者も参画していきたい」

▼「働きにくさ」に耳を傾ける

ご覧になっていろいろな感想をもたれることでしょう。また、漏れていることもたくさんあるかもしれません。とりあえず一つのサンプルと見て（とはいえ貴重なサンプルです）、ここから考えられることを述べてみます。

ご覧の通り、制度の変更を要するものは「病気制度の拡充」一つです。実現に時間を必要とするものも、「バリアフリー施設」一つです。ハラスメントやいじめを減らすことも、それなりの時間を要するかもしれませんが、あとは、ちょっと考え方を変えてもらうだけで実現できるものばかりです。

いじめやハラスメントは、先生たち全体が、時間的・精神的余裕をなくしているという事情も幾分かは関連しているかもしれません。しかしここでの困りごとを見る限り、「無理を言っている」ものや「極端な主張」はありません。もっともなことを常識の範囲で願っているし、学校内の仕組みを変えなくとも可能なことばかりです。

取り上げた内容をもう一度ご覧になっていただきたいのですが、一般の先生たちにとって、マイナスになる、負担が増えるといったものは、ほとんどありません。むしろ多くの教員にとって、思い当たるフシのあるものが少なくないのではないでしょうか。修学旅行の引率、病気休暇制度、人事異動、学校長との丁寧な話し合いや、困った時の相談の場の充実。これらは誰にとってもプラスになるはずです。

こうした困りごとのなかから、章の最初に話題にした「教員の働き方改革」についての、なにかヒントになるようなものが見えてこないでしょうか。制度や慣例の是正といった大きな観点から見ることも重要でしょうが、もっとも働きにくさを感じている人の声を中心に、直せるところを直しながら、自分自身にとっても働きやすい環境を作り上げていく。

私は現場を離れていますから、やや控え目の提言になりますが、「働き方改革」というものは、誰かが決めた働き方に自分を合わせていくのではなく、まずは自分が働きやすい働き方や働く環境をつくっていく。そんなふうに発想してみたらどうだろうかと思うのです。「障害のある先生」の問題も同様です。先に示されていた課題を見ながら、自分ならばこう対応するだろうと一つ一つ考えていく。そこに大事なカギがあるのだとは考えられないでしょうか。

4. ひとは「障害」と、どこでどう出会うのか

▼「障害」との出会い方

唐突ですが、次のような問いを発してみます。一般の（つまりは障害のない）先生たちは、いつ、どこで、どんなふうにして「障害（者）」と出会ってきたのでしょうか。

もちろん、ここでの主語を「先生たち」に限る必要はありません。障害のあるご本人やその家族は、出会う・出会わない以前に、有無を言わさず「障害」とともに生きることを余儀なくされます。しかし、そうではない圧倒的多数の人たちは、いつ、どんなふうにして「障害」と出会うのだろうか。もちろん知識として、「障害者」と呼ばれる人たちの存

在を知らないということはありえないでしょう。私の言いたいことは、「障害」と出会うことが、自分自身の考え方や生き方に、何らかの意味を及ぼすことになる「出会い方」だったのだろうか、という問いです。

私の、ある知人は、一つの事件をきっかけに獄中に置かれることになり、そこで多くの「重度知的障害者」が収監されていることを衝撃とともに知り、彼らの〝世話係〟を獄中での仕事として引き受けます。その事実に対して自分は全く無知であったと深く反省し、刑期を終えた後、自分の仕事として、障害をもつひとが再び犯罪に手を染めることのないような制度をどう作るか、厚生労働省での勉強会を続け、出所とともに福祉につなぐ制度を作りあげました。

また別の知人は、津久井やまゆり園事件がきっかけとなり、事件の概要をまとめたビデオを作成し、希望するところに訪ねて行っては上映会と話し合いを続けています。元々は民放テレビのディレクターだったのですが、私の取材に対し、自分の住んでいる地域に作業所があり、障害をもつ人たちが毎日通っている、しかし事件前の自分には彼らの存在がまったく目に入らなかった、こんなに身近なところに障害者がいたんだということに驚いた。そう語りました。

二人とも、その後の自分の生き方に大きな影響を与えている、そういう出会い方をしたわけです。つまり、自分自身にとっての生きる力となるような出会い方をしてきたのかどうか。そのことが大事だと思うのです。そういう経験を経ることによって「差別」とか、「インクルーシブ（包摂）」とか、「合理的配慮」とか、「共生社会」という言葉がただのスローガンではない、実質のあるものとなっていくのであり、それは教員にとっても同様なのではないかと私は考えています。

なぜこんなことを考えたのかといえば、「障害のある先生」たちの困りごとを見ているうちに、周囲にいた先生たちがどう向き合ってきたのか、どんなかかわりがそこにはあったのか、そんな疑問が浮かんできたのです。その疑問が「障害とどんな出会い方をしてきたのか」という、先ほどの問いになったわけです。これは個々人の事情、一人一人の「関係」の問題です。

ところが学校という場所には、先生たちの個人的な事情だけには還元できない、もう一つの問題があるように思えます。

▼特別支援教育の名のもとに行なわれていること

これ以降「学校文化」という言葉がキーワードになっていきますが、教育の現場に特有の考え方、慣習、ふるまい、人間関係のあり方、雰囲気といったものの総称を指しています。教育界全体に通じる学校文化もあれば、一つ一つの学校現場に固有の学校文化もあり、一言で、これが学校文化です、と説明しにくいところがあります。ともあれ、どうもこの「学校文化」とでも言うべきものが、「障害のある先生」たちの問題を微妙に難しくしている要因となっているのではないか、と感じさせるところがあります。

『季刊　福祉労働』（現代書館）という雑誌があります。「障害」や福祉に関する専門誌であり、とくに権利擁護を前面に打ち出した誌面作りを特徴とする雑誌だといってよいでしょう。一五五号（2017年Summer）で「入所施設の現在――相模原障害者殺傷事件を受けて」という特集を組んでいるのですが、なかに特集とは別枠で、宮澤弘道さんという公立小学校の先生の講演原稿が掲載されています（「学校現場の現状からインクルーシブ教育を考える」）。

宮澤さんの報告を読むと、特別支援教育が導入されてから今日に至るまで、基本的な考え方がいかに形骸化し、現場が「共に（インクルーシブ）とは逆の方向に流れている」か、そのことへの批判が基本の論調になっています。

まず宮澤さんは、「教員が発達障害に対して中途半端な知識を持ってしまっていることで、より差別的になっている」と指摘し、ＡＤＨＤだとかアスペルガーだとか、勝手に子どもを「診断」し、子どもを個として見るのではなく、診断名から対応を考えていくようになっている。そして、この子には「障害」があり、こっち（通常学級）には適応できない、だから、あっち（特別支援学級）に行きなさいという感覚を強く持っている、教員が率先して子どもを振り分けようとする、と言います。

特別支援教育が導入されるにあたって、宮澤さんも指摘するように「分ける」とは反対の、「共に（インクルーシブ）」が目指されていたはずでした。「子どもたちがとても多様化しています、でも通常の学級にあっても、さまざまな特徴のある子どもたち（いわゆる発達障害の子どもたち）を受け入れますよ、通常学級の教員もそのスキルを身につけていきますよ、ということが目指されたはずでした。少なくとも、私はそう理解してきました。ところが数年のうちに形骸化してしまった。以下、厳しい指摘になりますが、この間、現場の取材を続けながら感じてきたことを率直に書かせていただくことにします。

宮澤さんが指摘するように、発達障害についての理解を促すための研修を受ければ受けるほど、先生たちの「障害」への感度が痩せ細っていったようなのです。さまざまな「診断名」は覚えたけれども（本当はそれは「診断名」ではないのですが）、その「診断名」を使って、子どもたちへのラベル貼りをし始めた。その子は「病気」なのだから、医師や専門家に任せるべきで、自分たちの支援対象者ではない。そうやって自分たちの学級から排除しようとする。そんな傾向が出てきたことは、私も強く感じてきました。

障害観の変遷について述べたとき、この間の大きな変化として強く求められているのが、「障害をもっている人たちを変える（変わってもらう）」のではなく、「むしろ変わるべきは私たちと社会のほうである、という方向にシフトチェンジしてきた」と書きました。また、「共に」のあり方が変わり、「社会的包摂」へと向かってきた。

このことを私なりに言い換えれば、「相互的な交流」の重要性が意識されるようになったということなのですが、学校現場ではそういう方向には向かわなかった。自分たちの見方（障害観）やかかわり方を自己点検し、それを変えていこうとする方向にはいかなかった。残念ながら、そういう事態になっているようなのです。

宮澤さんは、さまざまな困難や躓きを見せている子どもたちの「不適応」だけを焦点化し、恣意的に診断名を付し、自分たちの教室から特別支援学級のほうへ振り分けてしまうという方向にいってしまったこと、それが「特別支援教育」という名のもとに起きている事態だというのです。同意せざるを得ません。

医者に行ったら子どもに診断がついたというとき、おそらく精神医学にはあまり馴染みのない多くの先生たちは驚くかもしれません。「この子は心の病気だったのか」「自分がどうこうできる事態ではない、専門家に任せるしかない」。しかし児童精神科医の滝川一廣さんは「診断」について次のように書きます（『子どものための精神医学』医学書院）。

「……診断とは、あらかじめ人為的につくられた「分類」の引き出しのどれかを決めることである。／すなわち診断名とは、子どもの内にある何かの呼び名ではなく、子どもの外につくられてある人工の「呼び名」を意味する。たとえば、A君を「自閉症」と診断するのは、A君が自閉症という存在だということではない。ただ、A君の行動のあり方のある部分を選び出してひとまとめにして精神医学の分類の引き出しに入れるなら「自閉症」とラベルした引き出しに収まるということである」

しかし「引き出し」に収まらない場合が出てくる。大きな引き出しにしてなんでも入れてしまうか、引き出しの数を多くしてどれかに入るようにするか、どちらかである。「引き出しは見つからなくても理解や援助はできる。逆に引き出しに収めるだけでは理解や援助にはならない。なぜなら、引き出しはその子から離れた外にあるものであり、理解や援助はその子に向かってなされるものだからである。このちがいを深くわきまえておく必要がある」

ご覧の通り、「診断」はレッテル貼りではありません。通常学級の先生たちが、「診断」をどう受け取るか、ここが大きな分かれ目になるのではないかと私は考えています。「診断とは何か」ということをきちんと理解し、納得することができるならば、あとはおのずと理解が進んでいくだろう。それくらい重要だと考えています。「自閉症という診断」は、あくまでも精神医学のマニュアルから見た分類に過ぎないこと、本人の内にある問題ではないこと、どう理解し、どう援助していくか、そのために必要な手続きであること。ここで、その子が〝特別な子〟に見えたり、〝専門家〟に任せるしかない、そんな子だと考えてしまうと、次々とボタンの掛け違いを引き起こしてしまうことになります。

▼「障害」のラベリング

私の理解では、「特別支援教育」というのは、これまでの「特殊教育」や「障害児教育」とは、大きくその理念を異にしています。従来の「障害児教育」のカテゴリー内にあった「障害」が多様化し、軽症化するようになったことにより、見方が精緻になればなるほど、そこに拾われる「障害」もカテゴリーを増やしていく。「障害」を持つ子どもが増えていったという変化ではなく、社会や大人の側の見方が変わったことによって、そこに変化がもたらされたわけです。

こうした事情がきちんと理解されないまま、「特別支援教育」という掛け声だけが独り歩きしていった。「研修」に出向くたびに、子どもたちをめぐるたくさんの「障害名」（ADHDとかアスペルガー症候群とか、学習障害とか、高機能自閉症とか）が示され、特別支援教育というのは、こういう「障害」をもつ子どもたちを選び出し、ふるいにかけることだという短絡的な見方が定着していった。そんな事情が垣間見られるのです。

いま、あえて「短絡的」という強い言葉を使いました。この短絡的にさせる働きが「学校文化」の力だと書くと、かえって混乱を招くでしょうか。新しく導入された考え方を、これまでの自分たちの考え方に落とし込むには、どうアレンジすればよいのか。外来の文化がそれまでの日本の文化のなかで折衷され、異質な面の角が洗い落とされ、いつの間にか日本文化風にアレンジされている。同じように、「特別支援教育」もそのようにして、アレンジされていった。

それは、自分たちの前に新しく登場した「診断名（障害名）」を覚えることであり、「少し変わった子ども」や「(教師自身にとって)困った子ども」には、そこから拾ってきた診断名をラベリングし、ふるいにかけていく。そう働く力(力学)が「学校文化」です。

おそらくこんなふうにして「障害のある先生」への「合理的配慮」も、自分たちに都合の良いようにアレンジされていたのではないか。修学旅行の引率をさせないことが合理的配慮だといわれていた、と先ほどの「声」の中にありました。三戸さんもかつては、担任を持たないようにすることが合理的配慮だ、と言われていたといいます。これは一例ですが、こうした独特の思考をもたらすのが「学校文化」です。

▼学校スタンダードと「学校文化」のもつ手ごわさ

宮澤さんの指摘をもう一つ引きましょう。学校では「誰もが分かる授業、授業のUD化というのがはやり」だと言います。驚くことに、UDというのはユニバーサルデザインのことですが、「授業の流し方を画一化する」ことがユニバーサルデザインだと理解されている、そういうのです。

なぜUD化が求められているか。「いろんな特性のある子が、みんな困らないように、担任、クラスが替わっても困らないように、一つのルールをつくっていけばいいんじゃないかということです」（宮澤）。そしてこの「一つのルール」とは、「学校スタンダード」であり、「授業の決まり、発言の決まり、行事のときの決まり」であり、それを学校のスタンダード（標準）にしようというのです。

「学校スタンダード」については、教育哲学者の苫野一徳（熊本大学准教授）さんが次のような紹介をしていました。「スタンダード」なるものがいま全国の小中学校を席巻している、それはすべての先生の授業のやり方を統一するもので、めあての書き方、唱和のさせ方、板書の仕方、使うチョークの色、授業の手順、いっさい同じスタイルにしなくてはならない。これを「授業スタンダード」といい、従っているかどうか、チェックして回る管理職もいる。

子どもたちにも「規律スタンダード」があり、学校への持ち物、机の上にどの文具をどこにどう置くか、机とお腹の幅、足裏の置き方、背筋を伸ばす、そんなことまで従わないといけない。私は心底驚きました。驚くというよりも、ぞっとしました。宮澤さんの批判はさらにつづき、「学校文化の恐ろしさ」という話題に転じていくのですが、「学校スタンダード」とは、容赦のない画一化を強いることであり、徹底管理の別名です。

いっぽうのユニバーサルデザインは、それとは対極の「多様性へのひらかれ」です。

「変わるのは社会や私たちのほうだ」というメッセージの実践のかたちです。ユニバーサルデザインがこのようなかたちで流布されているのならば、特別支援教育が「子どもたちの障害別振り分け教育」と化してしまっている事情も、むべなるかなです。そして教師たちもまた、このようにして画一化を強いられているわけです。

まさに宮澤さんが指摘する通り、すべてを自分たちの手の内に落とし込んで、自分たちに都合のいいように解毒して理解してしまう学校文化の手ごわさといっていいものです。ユニバーサルデザインが、まさか学校スタンダードに結び付けられて「はやって」いるとは、そうとうに衝撃でした。これを真っ先に改めることが、何よりもの「働き方改革」だと、私などは考えるのですが。

苫野さんにご登場いただいたので、もう少し書きましょう。苫野さんは、公教育の目的は「自由の相互承認」であると述べました。私は、苫野さんが二項対立に陥りがちな教育言説の突破を目指していると受け取り、賛辞を送りました。「自由の相互承認」を私なりに変奏させるならば、「多様性へのひらかれ＝自由の相互承認」ということになります。宮澤さんが批判する「学校のＵＤ化」とは多数者による多数者のためのデザインであり、どう考えても、画一化や管理から「多様性へのひらかれと相互承認」が生まれてくるとは考えにくいのです。

結論めいたことを言えば、「障害のある先生」たちの困りごとが解決されにくい現状と、特別支援教育が形骸化している事実とは、どうも同根なのではないか。「障害のある先生」たちに、画一的なスタンダードを求めるということは、生きにくさや働きにくさを強くしてしまう、そのように働いてしまうのではないか。「合理的配慮」も「インクルーシブ」も、その真意を骨抜きにしてしまうような作用が、学校（あるいは学校文化）のなかでは抜きがたく働いてしまう。

こうした学校のなかの「同調圧力」は、先生たちの〝働きやすさ〟に資することになるでしょうか。目に見える成果やら、うまくいかなかったときの自己責任やらが相当強いバリアとして張り巡らされてしまっている昨今の現状は、学校スタンダードという同調圧力と背中合わせになっているのではないかと思われます。ひょっとしたら、分厚く張り巡らされたこの「学校文化」こそが、働き方を窮屈で息苦しいものにし、先生や子どもをめぐる「インクルーシブ」な在り方を阻害する最大要因なのではないか。

そして容易に推測されるのですが、このような私の指摘は、管理職はもちろん、少なくない教員から、「現場を知らない部外者だからそんなことを言っているのだ」という反応が返ってくるかも知れません。

私はこれまで、先生たちがかなり過酷な労働条件の中で仕事をしていることを、曲がりなりにも知っていましたので、批判は最小限にとどめてきました。しかし、今回はどうもそういうわけにはいかないようです。先ほど「多様性へのひらかれと相互承認」の重要性を指摘しましたが、「多様性」という問題が、学校文化独特の思考によって形骸化させられているのではないか。三戸さんについての取材を進めるにつれて、そんな疑念が深くなっていくのです。

第3章
三戸学さんの訴え——「合理的配慮」をめぐって

1. 「障害のある先生」への合理的配慮・再考

▼再び三戸学さんのこと

「障害」とどこで、どう出会ってきたのか。それは、自分の人生を支えるような「出会い方」だったのか。前章でそう問いました。そこからどうつづけようかとメモを取り始めた二〇二〇年三月二八日、三戸学さんよりメールが入りました。

内容は、秋田県人事委員会での公開審査の日時が決定したという案内が一つです。もう一つが、新年度の校内人事が決定し、今年も担任希望が叶わなかったという残念な連絡でした。校長が語った理由は「担任としてのイメージがもてない。来年度は、道徳、学活、朝の会、帰りの会などをしている姿を見て、イメージをもちたい。そして、生徒や保護者、地域に学級担任としての信頼を得てほしい」というものだったと言います。

三戸さんは、「これまで、ずっと同じような話がありました。他の教師にもこんなことを言うのかなと、私は『残念な気持ちでいっぱいです』と校長に言いました」とつづけています。悔しさが手に取るように伝わってきます。

私は、「イメージをもちたい」「信頼を得てほしい」だけではまた空手形がくり返されるのではないか、何が足りなくて、どこをどうすれば担任となる条件を満たすのか、具体的に確認し、文書にして残しておいたらどうだろう、といささか僭越な返信を送りました。

さらに三戸さんによれば、秋田県教育委員会は、三戸さんへの合理的配慮として二名の臨時講師を加配している、秋田県内には三〇人程の「障害のある先生」が確認されていて、学級担任をしている例もあると伝えてきたといいますから、県教委の側は、三戸さんが担任をもつことに対し、それなりのバックアップをしていると理解して良さそうなのです。ところが残念ながら、言葉通りにはならなかったわけです。

さかのぼって二〇一九年三月一九日、国会の厚生労働委員会で福島みずほ議員が、どれくらいの数の「障害のある教師」が担任や副担任をしているか、三戸さんのケースを紹介しながら質問しています。文科省の担当者は「合理的配慮をすれば障がいのある教師が学級担任ができる」として、その具体例を挙げています（福島議員のＨＰより）。

三戸さんは学校長にこのことを伝えたのですが、やはり「難色を示して踏み切ることはできなかった」というのが、この間の事情でした。人事委員会への訴えなどと事を荒立てなくとも、もっと解決のしようがあったのではないか、と考える人がいるかもしれません。しかし三戸さんが公の場で訴えるまでには二〇年という歳月を要しています。その二〇年は三戸さんが堪《こら》えてきた時間でしょう。三戸さんがぶつかっている高いバリアは、いったい何なのでしょうか。

▼どんな口頭審理だったか——異動について

公開口頭審理が行なわれた八月三日、私は傍聴する予定で準備を進めていました。しかしこのコロナ禍のさなかに、「go to トラベル」などという信じがたいキャンペーンが強行された結果、全国で感染者数が激増しました。

この時期もいまも、地方では、東京圏からのひとの移動に対してとても神経質になっています。秋田の実家や友人たちに連絡を入れても、「帰省は控えたほうがいい」と言われます。傍聴はあきらめざるをえませんでした。そこで八月五日、三戸さんにオンラインでの取材をお願いしました。以下はそのときの三戸さんの報告を、私（佐藤）がまとめたものになります。

公開審理の当日、傍聴者は三戸さんの元同僚、福祉関係者、知人など秋田県在住の五名だったといいます。メディア関係では秋田さきがけ新報、共同通信、NHK秋田支局、AKTテレビ、読売新聞、河北新報など、県内の主要メディアのほとんどが顔を見せていました。やはり「働く障害者の支援や権利擁護」というテーマが広く認知され、三戸さんの訴えは広がりを見せているようです。

開始は一時半。答弁に応じたのは中央教育事務所の所長。所長は、三戸さんの異動に当初からかかわってきた方でした。最初は清水建夫弁護士によって証人尋問が行なわれ、次に処分者側（県教委）の主任代理人による反対尋問がありました。三戸さんも直接尋ねたいことがあるというので、質問が認められました。三戸さんによれば、ほかにも証人申請を行なっていたのですが、認められたのは一人だけだったといいます。

最初の質問は異動の内示に関することでした。通常は一回の話し合いで決定するのですが、三戸さんの場合は一月に内々示がもたれ、二回目の二月一八日に、新年度の勤務校が内示として伝えられました。所長はやや長めに準備期間を取ったといいます。清水弁護士が「一カ月半の期間をとったことで、準備は十分に整いましたか」と尋ねると、所長は「しっかりとは整っていなかった」と答えました。

ここでの「準備」というのは、三戸さんの通勤方法についての最終的な詰めです。三戸さんは、通勤の方法がどうなるのか、納得のできる説明を求めていました。「異動を拒むものではない、納得のいく通勤方法が示されないことには、応じたくても応じられない」というのが三戸さんの主張でした。しかし二月の内示の時点では通勤方法は示されず、三月二八日になって初めて、異動先の校長・教頭がボランティアで送迎する旨が伝えられました。

「所長は、通勤に関する準備が整っていないことをはっきりと認めました。私のほうはびっくりしました」と、三戸さんは述べました。

八月八日の県教委による「答弁書」を見てみると、通勤方法に関しては県教委と校長・教頭が協議し、三戸さんと話し合いを重ね、双方で最善の結果を探っていった結果の判断である、三戸さん側も「同意した内容」であると、明記されています。しかし三戸さんは同意しておらず、この見解は対立しています。答弁書で示されている見解と所長がここで述べた発言内容とは、若干の（しかし大きな）違いがあり、三戸さんの驚きはここに起因しています。

清水弁護士はさらに尋ねました。「通勤方法が整っていなかったのに、なぜ異動を命じたのですか。異動を命じる理由が何かあったのですか」。すると所長からは「異動の命じる内容は学校管理者である町の教育委員会と、任命権者である県教育委員会の方針によって決めるものであり、この場でお答えすることはできません」という答えが返ってきました。

清水弁護士はつづけて尋ねました。「異動の理由は、前任中学校で校舎の改修工事が始まる。そのために三戸さんには不便をかけるから、ということで異動の対象になったのではないですか」。証人は「それも理由の一つであるけれど、それがすべてではない」と答えたので「他に何があるのですか」と訊いたところ、「それは先ほどと同じ理由で、この場ではお答えできません」と答え、次のように答えたといいます。

「県の教育委員会の異動の方針は、中学校の場合は教科で地域間との調整をはかるということなので、三戸さんの場合も理由の一つはこれに該当すると受け止めています」

清水弁護士が次に「三戸教諭は二〇年間で六度異動し、五回の引越しをしています。こういう異動は、秋田県ではどれくらいの人がやっているんですか」と尋ねると、所長は「とてもレアケースです」と答えました。

「レアケースだということですが、どうしてそのレアなことを、障害をもっている人間がやらないといけないのですか」と、清水弁護士が尋ねたところ、「先ほどと同じ理由で、異動は市町村教育委員会と県教委の方針に基づくものであり、この場では答えられません。中学校の場合、教科と地域間の調整なので、それで三戸教諭は異動の対象になっていると受け止めています」と、所長は答えたといいます。

ここまで経過説明をしてきた三戸さんは、次のように言葉を挟みました。

「所長の、レアケースだという答えを聞いて、私はびっくりしました。そしてとても複雑な気持ちになりました」

先ほどの「答弁書」を見ると、平成三一年度の人事異動実施要項に、「配置換は原則として同一校3年以上の者」とあり、三戸さんはすでに三年間勤務しており、三戸さん側が主張するような「例外的なものではない」と書かれています。齟齬はないのですが、「例外的なものではない」と「例外ではないが、とてもレアなケースである」とでは、あきらかにニュアンスが異なります。ここが「若干の（しかし大きな）違い」と書いたゆえんです。

次は通勤費の負担額の話になりました。「交通費として5万5000円支給されるようになりました。しかしそれでも、月額平均で2万6000円から2万8000円の自己負担があります。個人が負担する額として高いと思いますか」と、清水弁護士が聞いたところ、所長は「高いと思う」と答えたといいます。やはり三戸さんは「これにもびっくりした」といいます。

▼「教頭の送迎は出張扱いの公務だった」

三戸さんは、清水弁護士の後に質問に立ちました。

異動が決まるまで、二月一八日から一カ月半の準備期間があったが、記録によると、一度も同僚の送迎を通勤方法として考えていると言っておらず、初めて伝え聞いたのが三月二八日だった。「そのとき突然、四月から同僚の送迎で通勤してもらいたいと言われたのですが、どうして事前に相談してくれなかったのですか」と尋ねたところ、所長は「それに対しては素直に謝ります」と答えたといいます。

三戸さんは重ねて聞きました。「事前に相談してもらえれば、乗れる車種や乗りにくい車種、乗り降りのときにどんな介護が必要か、といった具体的なことも検討できました。万が一事故が起きた場合の補償も、しっかりと考えることができたのではないですか」。

この尋問に所長は次の事実を明かしたといいます。

「補償に関しては、六月の下旬から校長が教頭に職務命令をかけて、公務として教頭が送迎に当たっていたというのです。事故のことを考えて公務にし、手当も支給されていました」

この事実は、三戸さんには伝えられていませんでした。「初めて知る事実がここで出てきたわけで、私は動揺しました」。三戸さんは強い不信感をもち、公開審理翌日の四日、職場に行って教頭に確認したといいます。

「審査請求でこんな話が出ましたけど、ほんとなんですかと聞くと、教頭は本当だと言いました。いつからもらっていたんですかと聞くと、公務になった六月二一日からもらっていたといいます。何の手当ですかと聞くと、出張手当だと答えました。毎日学校から私の自宅まで出張していたわけです。でも、出張扱いにできるんだろうか」

教頭は、出張扱いであれば、事故があったときにも補償できる。「あなたのことを考えての対応です」と話したといいます。三戸さんが「なんで教えてくれなかったのですか」

と聞くと、次のように答えています。

「県の教育委員会からは、直接本人に教える内容ではないので教えなくてもいい、と言われたと教頭は言うのです。さすがに昨日（四日）は落ち込みました。私はずっと教頭のボランティアだと思っていたので、申しわけないなあ、他にもたくさん仕事があるのに、大変だろうなあと思っていました。でも送迎していた半年間のうちの半分を、公務としてお金をもらってやっていたわけです。これはショックでした。ほんと、落ち込みました」

三戸さんは、公務ということであれば自分の考えも違ってくる、ボランティアだというのでは合理的配慮には当たらない、と言います。自分が主張してきたのは、適切な合理的配慮をしてほしいということだった、しかし教頭の送迎を公務としたということは、自分への合理的配慮にあたるだろうかと、次のように述べました。

「合理的配慮であるならば、配慮を受けている本人がそれを知らない、ということはあり得ないと思うのです。本人の知らないところで周りが合理的配慮をしている、本人はそれを厚意によるボランティアだと受け止めて感謝している、そんなことは基本的にあり得ない。本人に伝えるべきだったと思います」

なぜ県教委が三戸さんには伝えなくともよいという判断をしたのか、私も理解に苦しみますが、「合理的配慮」は「障害者基本法」の第四条に、社会的障壁の除去に関しての実施が定められています。二〇一六年に改正された「障害者雇用促進法」でも、障害者の職務が円滑に遂行できるよう環境整備、支援人員の配置が「合理的配慮」として雇用主に義務付けられています。確認のために繰り返しますが、これは善意や厚意などといったものではなく、努力目標でもなく、果たして当然の「義務」と定められています。

私は三戸さんに尋ねてみました。ここまで所長は、県教委の側は譲歩してきたと受け取れる発言をしていた、私（佐藤）はそう感じたけれども、県教委として、今後の異動にあたって、問題点を改善していく意思はあるのかどうか、その点についてはどういう手ごたえだったか、と尋ねました。

「事前に意思確認を丁寧におこない、通勤に関する整備はおこなっていきたい、とそういうことは感じられる答えだと思いました」

▼今後の課題に向けて

三戸さんは、口頭審理を終えた後、そこから受け止めた課題を次のようにまとめました。

・同僚に障害のある教員の通勤支援をするよう、校長が職務命令を出せるのか。

・教頭という管理職であれば、校長は職務命令を出せるのか。
・毎日の、職員の通勤送迎費用は出張手当として出せるのか。
・働く障害者の支援に、支援する者を配置するのではなく、同僚に職務命令を出して支援体制を作ることの是非。同僚にとって新たな負担になるだけではないか。

公共交通機関のとぼしい地方にあって、「障害のある先生」がどのような通勤方法を選ばなくてはならないかは、全国に共通する課題だろうと思います。三戸さんのここでの「まとめ」は、通勤方法と合理的配慮をめぐって、実務のレベルから問題点を取り出したものと言えるでしょう。

三戸さんは最後に次のように心境を述べました。

「二〇二〇年四月から、各地方公共団体で障害者活躍推進計画が作成されました。障害のある教職員も活躍して働くことを求められるようになりました。私は、そのための合理的配慮のあり方を問いたいと考えています。単に働くのでなく、活躍しながら働いていきたいのです」

秋田県教委の一連の対応を好意的に解釈するならば、まったく前例のないなか、少しでも三戸さんの要望に応えようとしたものだと言えなくもありません。しかし合理的配慮という義務事項についての認識が十分だったのかどうか、今後の課題として残されたように思えます。「活躍しながら働いていきたい」という言葉に込められた三戸さんの思いを、うまく伝えることができたでしょうか。

2．異動理由と「合理的配慮」をめぐる論理は破綻していないか

▼教員の実雇用率が低い理由——あるエッセイから

「障害のある先生」と打ち込んでインターネット検索をしていたら、次のような「エッセイ」を見つけました。タイトルは「障害者が教員免許を持っていないのではない——教育委員会の実雇用率が低い理由」

(https://www.dpi-japan.org/friend/restrict/essay/essay0110.html

初出は「障害者欠格条項をなくす会ニュースレター52号」)。

執筆者は久米祐子さんという脳性まひのある教員の方です。執筆時期は二〇一一年一一

月。以前紹介した「障教ネット」の「準備会会員」とあり、三戸学さんに知り合いかどうかを尋ねてみると、この時期一緒に準備会の活動をしていたといいます。昭和三四年生まれと記載されていますから、おそらく「障害のある先生」のなかでも草分け的な存在だろうと思います。

内容をかいつまんで紹介するならば、ご自身の生い立ちから始まり、教員をめざしたのは、母親が「教師にしたい」と考えたことが最初のきっかけだったこと。教育大学に入学するが、そこで出会った障害当事者の先輩たちがぶつかっているさまざまな難題と、現実の厳しさに直面したこと。

そんななか、久米さんは教員免許状を取得して卒業、三回目の採用試験で晴れて合格するのですが、受験前に結婚し、合格の前年に出産しています。配偶者や家族は、子どもを育てることだけでも大変なのに、その上教員など務まるわけはない、と受験そのものに大反対します。しかし本人は「私は結婚や子どもがいるくらいでは、教師になるのを諦める理由にはならないと思っていた」とさらりと書いています。このあたりが〝草分け〟と呼ばれる人たちのすごいところです。いろいろと紹介したいことはあるのですが、この程度にとどめ、次が本題になります。

なぜ私（久米さん）がこのような文章を書いているか。「障害者が教師になることへの有言無言のいやがらせ・妨害があるのを知ってもらいたかった」（強調は引用者）からだといいます。二〇〇七年、厚労省は、教育現場で障害者雇用の達成率があまりに低いと新聞報道されたことを受け、都道府県と政令都市の教育委員会に雇用を改善するよう勧告を出します。文科省はこのとき「雇用率が低いのは教員免許を持っている障害者が少ないためだ」と答えたと言いますが、久米さんは「これは大きな間違いである」と一刀両断します。「障害者が受験しても障害があることを理由に不合格としてきた長い歴史」を伏せ、障害者側の理由に「すり替えている」と。

この訴えが主題です。「教員免許を持っている障害者は法定雇用率を満たす程度にはいる」のだが、「不合格として採用してこなかった事実」が「「既成事実」として定着」し、「採用試験の受験すらあきらめさせるような「親切な」助言などになって横行し、それを聞いて断念した障害者が圧倒的に多い」と、手厳しく指摘しています。

たとえば、教員免許状取得の際に「健康診断書」の提出が義務付けられているが、個人提出（大学の一括提出ではなく）の場合、「身体的障害の有無」を目の前で医師に記入してもらわなくてはならない。医師はどう判断するか迷い、久米さんは、受験のたびに医師を説得しなくてはならなかったと書きます。

「これでは、説得する方法が分からない人〔障害者〕は「教師になるのは無理だ」と教員免許を取得する段階で断念するケースもある」。教員免許状をもつ障害者が少ないのではなく、文科省や教育委員会が「教員免許を、障害者にとらせにくくしてきた」し、持っていても採用してこなかったのが実情である。そう主張しています。

データなどの裏が欲しいところではありますが、二〇一〇年前後の実情を示すものとして、たいへん貴重な証言だと思います。このエッセイを取り上げたのは、〝草分け的存在〟の並大抵ではない努力を記憶しておきたいと考えたことが一つです。

一〇年前は、障害を持つ人が「教員になる」というそのこと自体に大きな壁（社会的バリア）がありました。現在教員になって一〇年以上を経ている方々は、その社会的な「壁」を乗り越えてきた方々です。「教員になりたい」「教員にさせてほしい」というのが、そのときの切実な訴えでした。

一〇年を経て文科省や教育委員会が雇用促進に本腰を入れ始めたいま、その訴えが、また一つ変化しています。担任になりたい、不利益の大きい通勤環境を改めてほしい、一般の教員の理解を深めるような研修を設けてほしい、人間関係の改善など、一般教員と同様の勤務実態となることを「障害のある先生」たちは、訴え始めたわけです。それを端的に示す語が「合理的配慮」です。この一〇年、そんなふうに歴史は進んできたことを、久米さんのエッセイが如実に示している。そう考えたことが、二つ目の理由です。

もう一つは、文字起こしされた三戸さんの「第1回口頭審理調書」を読んだことに関連します。

▼三戸さんの「口頭審理調書」を読んで

前節で、三戸さんのインタビューを踏まえ、口頭審理の様子をレポートしました。前回も、そしてそれ以前もそうだったのですが、私は自分の見解をさしはさむことをできるだけ控えてきました。係争中だからという理由もありますが、それ以上に、私の不用意な発言が三戸さんに迷惑を及ぼすことを恐れていたからでした。

しかし今回は「口頭審理調書」を読んで、そこでの感想を率直に書いてみたいと、腹を決めました。その引き金となったのが「口頭審理調書」とともに、先ほどの久米さんのエッセイです。県教委に対し、これから批判めいたことを書き進めていくことになりますが、個人攻撃の意図はありませんので、個人名は伏せます。もう一つ、これはあくまでも私

（佐藤）個人の自由意思によってなされる主張です。

結論めいたことを先に述べてしまえば、秋田県教育委員会（県教委）によって異動を命じる「合理的理由」とされているものが、はたして合理的な理由となっているかどうか疑問を感じざるを得ないということです。もっと率直に言ってしまえば、そこに見られるロジックは破綻していると私には感じられます。

異動を命じる理由の一つが、次年度より校舎改修工事が始まり、三戸さんが移動手段として使用していたエレベーターがストップすること、資材などが廊下に置かれることになり、車いす移動の際の安全性が危惧されること、としていました。しかし三戸さんの証言によれば、前任校の職員に尋ね、エレベーターが止まった事実はないと確認をしています。廊下に置かれた資材も隅にきちんと片付けられていて、「三戸さんが電動車いすで移動する際も困ることはないと思う」と話していたともいいます。

三戸さんは二〇年におよぶ電動車いすのユーザーです。初心者ならばまだしも、その扱いには熟練しているはずです。身体論的見解などを持ち出すまでもなく、慣れ親しんだ機器は「身体」と同一化し、「身体」感覚を拡張させます。野球選手にとってのバットやグローブは、熟練すればするほど手足と同様の「感覚」をもたらすはずですし、ベテランドライバーならば、愛車が身体と一体化している感覚は容易に理解されるはずです。

　もう一つ、安全性について、三戸さんはとても的確なことを述べていました。「資材があちこちに置いてあることが、あなたにとって危険な環境だと感じられますか」と、代理人の清水建夫弁護士に問われたとき、三戸さんは、それは考えられないと言い、理由を「まず、そこに生活する子どもたちがいるわけで、私が安全でない場所は、子どもたちにとっても安全でない場所であると認識しているので、その資材が職務上、何か不便を被るということはないはずですし、ないと考えていました」と答えていました。これ以上ない的確な正論です。

　くり返します。三戸さんにとって危険な場所は、生徒たちにとっても危険である。校舎内に、そんな危険なエリアを作るということはありえない。つまりは、事実が裏付けられていない、三戸さんの車いす使用に関しても実状と解離している、「学校の安全性」という観点からみても合理性はない。以上の点を考えれば、改修工事が始まるために安全性へ配慮した、それが異動の理由であり「合理的配慮」である、とするロジックは成り立っていないと思います。

▼実績を上げている教科指導と部活指導

もう一つ、近隣地域の学校における数学という担当教科のバランスを考慮した異動だ、とも証人（教育事務所長）は述べていました。私は「口頭審理調書」を読んで次の事実を初めて知ったのですが、三戸さんは平成二九年度と三〇年度、前任校では二年生の数学を担当していたといいます。数学の担当は各学年一名。二年生の数学担当は三戸さんのみです。家庭に配布していた校報に「県の学習状況の調査のお知らせ」というコーナーがあり、三戸さんは二年間とも県の平均点を上回っていたと述べています。

教科の指導について、そこは自分にとって一般の先生たちと対等に競えるところである、だから努力するのだと繰り返していました。いわば三戸さんの自負とアイデンティティを支えている重要なポイントです。

人事は教育委員会の専権事項であり、内情などは絶対に外には出さないでしょうから、以下は私の推測になります。と言っても、とても単純なことです。きちんと実績を上げている数学の教科担任を（数学は受験にとって重要科目だということは認識されているはずです）、三年間の期限が来たからといって簡単に手放すということは、通常の管理職の感覚としては、ちょっと考えにくいところです。

しかし二〇年間の間、三年ごとに異動をくり返しており、それがレアケースであることを証人（中央教育事務所長）は認めています。学校にとっても少なくともプラスにはならず、一教員の自負を損なってまで、なぜそんな選択をする必要があるのか。むしろ不合理な判断です。

あまり強調すると、子どもたちに対する点数至上主義や、教員の能力主義を推奨してしまうことになりかねないのですが、きちんと結果を残している教員はできるだけ手放したくないというのは、通常働く、管理者（校長）の心理ではないかと思います（私の場合は特別支援学校でしたが、「力のある教員をできるだけ多く集めたい、それが自分の校長としての仕事だ」という趣旨の発言を聞いたのは、非公式の場ではありましたが、一度や二度ではありませんでした。ここでは書きませんが、プライベートなことを含めてその他諸々、「なるほど。校長というのは人事についてこういう考え方をするのか」と、何度となく思ってきました。その経験則がここでの推測の根拠です）。

また以前報告していますが、前任校では三戸さんは卓球部の顧問としても好成績を上げ、保護者の信頼を得ていました。中学校において部活指導に実績をもつことは教員にとってのセールスポイントにこそなれ、積極的に手放さなくてはならない理由とはなりにくいはずです。むしろ、通常であれば、教科指導にあっても部活指導にあっても、前年度以上の結果を残せるよう条件整備、環境整備に努めるというのが、管理者がする「合理的配慮」でしょう。したがってここでの異動理由も説得力を欠く、と私には思われます。

三つめは居住環境。三戸さんは現在、自宅で母親との二人暮らしです。自宅はもちろんバリアフリーですし、母親による生活面のサポートはとても貴重です。しかも、前任校は自宅から近距離にありました。清水弁護士の、「障害をもっている三戸教諭が、実家を基本として勤務環境を選択する、それを推進するのが合理的配慮ではないか」と問いかけたのに対し、「勤務される学校の距離が近いほど、それは合理的配慮の部分にあたるかとは思います」と、証人は認めています。

加えて、五万五〇〇〇円のタクシー使用の交通費を認めてなお、月に二万から三万の自己負担が生じており、個人の自己負担の額としては高額であることも、証人は認めています。繰り返しますが、よりよい環境整備を進めることを「合理的配慮」とこそ言え、より負担の大きい、悪条件への選択を進めることが、なぜ「合理的配慮」と言えるのか。この点でも理解に苦しむロジックになっています。

見てきたように、異動の理由とされているものはどれも「合理的配慮」とするには無理がある、そう受け取らざるを得ないものです。

▼「地域特性を配慮した」というロジックの含意するもの

もう一つ、以下の事実も「口頭審理調書」を読んで初めて知りました。前任校を管轄する町の教育長が、次のような発言をしていたと言います。

「この地域は学校教育に関して異常なほど敏感で、何かあるとすぐさま苦情を訴えに来るという地域性を持っている町であります。本教育委員会としては、保護者のクレームが三戸教諭に及ばないようにと、今まで多くの合理的配慮をしながら学校と連携しながら支援してきております」

したがってこの町で三戸教諭が勤務するのは適切ではない。そういう理屈です。

率直に書かせてもらいますが、ほんとうに、保護者のクレームから守るために担任を外すことを、合理的配慮だと考えているのでしょうか。これは合理的配慮に名を借りた差別発言ではないか、と指弾されても弁解のしようがない発言ではないでしょうか。そう私には感じられます。

三戸さんにクレームがくることが前提とされていますが、その理由は何でしょうか。三戸さんは、三年の間に全くクレームなどなかった、この発言の意味がよく分からないと答えています。「身体障害があるのだから、クレームがくるのは当然」ということが、この発言にはおのずと含意されています。それ自体、すでに差別意識によるものではないでしょうか。これが理由の一つ目です。

二つ目は、かように「異常なほど敏感で、何かあるとすぐさま苦情を訴えに来る」のであれば、その対象となるのは三戸さんだけではないはずです。学校という職場はいろいろな事情をもつ教員からなる集団です。親の介護をしながら働いている人、育児に追われながら働いている人、また心身に病気を抱えながら働いている人もいるはずです。さまざまな事情で有給休暇をフル活用しながら勤めている教員は少なくないはずです。休職・復職をくり返しながら勤めている教員もおそらくはいるはずです。

「異常なほど敏感」であるならば、そういう教員にも苦情は向けられるのではないでしょうか。なぜか三戸さん一人だけがここでの対象となり、異動の理由とされています。まったく解せない理屈です。これが二つ目の理由です。

ここからは一般論ですが、久米さんのエッセイでの批判と言い、この教育長の発言をはじめとする県教委のロジックといい、ここには共通点があります。多様な人たちを広く受け入れているようでいて、実はそこにはさまざまなかたちでバリアをつくりあげている。そのバリアによって、教育を担う自分たちのメンバーにふさわしいかどうかを、無意識裡に峻別している。自分たちにふさわしい（と認めた）メンバーは受け入れるけれども、そうではないと判断したときには、さまざまなバリアを駆使して、できるだけ峻拒しようとする。そういう体質を根深くもっているのではないかと、疑わせます。

「特別支援教育」の名のもとで子どもたちの選別が行なわれている、という報告を紹介しました。ユニバーサルという考え方が学校スタンダードに見事に転用され、子どもたちや先生たちの一挙一動を縛っている、その縛りが年を追うごとに厳しくなっている、という報告もしました。「合理的配慮」の名のもとで、巧妙に排除を行なおうとするという先ほどの例は、見事にここに連なるものでしょう。

「合理的配慮」の内実は、それを受ける当事者にとって選択肢が増える、自己決定できる幅が増えるということに通じていく配慮のはずです。残念ながら、それとは逆のことが三戸さんに「合理的配慮」として伝えられています。ほかの選択肢が封じられているのです。

▼破綻したロジック

繰り返しになりますが、まとめましょう。

三戸さんに対する「異動理由」とされているものは、いずれもロジックが破綻しており、併せて、そこで「合理的配慮」とされているものは、むしろ不合理なそれになっています。

・改築工事が始まり、車いす使用にとって危険な環境になる。

↓そのような事実は確認されませんでした。

・中学校において、二〇年間、三年ごとの異動になっているが、それはレアケースではあるが違法ではない。

↓居住の条件他、負担の大きな異動をなぜ障害のある教員がつづけなければならないか、合理的な理由が示されていない。さらに、教科指導や部活指導において優れた実績を残してきた教員を、率先して異動対象とするということは、通常は考えにくい判断である。

・教育に敏感な地域性を考慮した。

↓これは、配慮に名を借りた「障害者差別」だと批判されても仕方のない見解である。

学校における教員集団は、それぞれがさまざまな個人的事情を抱えているのであり、地域住民から不安が向けられるならば、それは三戸さん一人には限らないはずである。

前回の取材の最後に、「たくさん報道で紹介されたようですが、周りの人たちから何か反応がありましたか」と尋ねると、「昨日（八月四日）、職場に行ったのですが、子どもたちが、先生、テレビ見たよとか、新聞読んだよ、と言ってくれました。なかに「先生のことを取り上げてくれてうれしかった」という言葉があって、私のほうもうれしくなりました」と答えました。自分が働きやすい状況を自分で作っていくことと、仲間の支えの大切さを強調しました。これは自分より大きな〝何か〟に立ち向かっていくときの鉄則だ、と私も思います。

これから（九月下旬）、三戸さん側からの「最終陳述書」が提出され、年内には人事委員会の判断が示される予定だと言います。期して待ちたいと思います。

3.「恩恵」ではなく、不合理の「是正」を

▼三戸さん側の「最終陳述書」

連載していた雑誌に前節を書いたのは八月でしたが、その後の九月二四日、秋田県人事委員会に「最終陳述書」を提出したという報告を三戸さんよりいただきました。その内容を手短に紹介してみます。

三戸さんは次の三点を、秋田県教育委員会（県教委）に要望しています。

（1）前回の異動命令は、合理的配慮を欠いたものである。これは障害者差別であって、身体的・心理的苦痛を受けており、その点について謝罪を求める。

（2）今後は異動の条件（交通手段、居住条件など）を整えたうえでの異動となるよう、確約してほしい。

（3）タクシー利用に対して五万五〇〇〇円の交通費支給となったが、それでも二万八〇〇〇円の自己負担であり、この速やかな是正を求める。

その他にも、口頭審理に対する三戸さんが感じた課題を指摘していますが、大まかにまとめるならば次のようになります。

管理職による通勤支援を、当初の「ボランティア」から「公務」に切り替えたことについて、三戸さんへの説明がされなかった、この支援方法が仮に踏襲され、同僚教員が公務として通勤支援にあたった場合、過度の負担となることが危惧される。

もう一つは、三戸さんの補助にあたる加配教員の有無が勤務する学校によって異なっている、これは合理的配慮の理解が勤務校によって変わってしまうことになり、適切性や妥当性を欠くのではないか。

三つめが学級担任の問題。二〇年間、三戸さんの学級担任の希望を斥けてきたことは、「法令等には明白に違背していない」が、二〇一九年に文科省が策定した「教育委員会における障害者雇用推進プラン」には違背しているのではないか。

四つ目として、以上のことを踏まえたうえで、秋田県教育委員会への質問が八点示されていますが、こちらは割愛します。


私が強く印象づけられたことは、以下の点です。

三戸さんの中学校を管轄する町教育委員会の、教育長が示した合理的配慮の理解は間違いである、そこで示されている理解に、県教委は同意できるのか。自分（三戸さん）のケースを「障害のある教員」に対する合理的理解の好事例として、全国に発信できるのか。

そのように訴えていたことです。

私もまた、三戸さんの訴えは秋田の一地域のローカルな事態にとどまるものではなく、いまや全国の「障害のある先生」や、その方たちを支援する人びとも注目している事態になっている、と考えています。僭越ながら、県教委が「全国的視野」という認識をどこまでもつかどうか、そのことはこれからの判断に小さくない影響を与えるのではないでしょうか。


また、代理人の清水建夫弁護士も一〇点にわたって意見陳述をしていますが、そのなかでひときわ目立つのが、やはり町教委の教育長の「偏見」に対して、強く糾弾している点でした。公職にあり、かつ組織のトップにある人が、言い換えればそれなりの影響力を持つ人が、「障害」や「障害者」に対するどのような理解を有しているか、そのことが問われていると強く感じます。

「上から目線」であり、いかにも「お情け」をかけていると言わんばかりのものだと、私には受け取られます。こうした「その場しのぎ」に終始する対応では、すぐに見破られてしまいます。そこまで時代の感度は上がっているのだということを、改めて感じます。

秋田県教育委員会の側からの「最終意見陳述書」もありますが、こちらは、これまでの見解をそのままなぞったものです。年内には秋田県人事委員会の判断が示されることになります。県教委は、ここまで勇気を振り絞って公の場で声を上げた三戸さんにとって、何らかの納得が生じるような見解を示してもらいたいものだと念願しながら、結果を待っていたのでした。

▼不服審査請求、すべて却下

一二月下旬になっても、三戸さんからの連絡はありませんでした。体調でも崩したのかと心配していると、ちょうど次の取材の直前に電話連絡が入りました。人事委員会が示した採決は次のようなものだったといいます。

結論は、「本件審査請求をいずれも却下する」というもので、三戸さんの請求はすべて却けられました。

裁決書は、地方公務員法や市町村立学校職員給与負担法その他、該当する法律に照らしながら、異動が不利益処分に当たるかどうかが検討され、記述されています。そのままの引用では読みにくいでしょうから、できるだけ簡潔に、要点を損なわないよう噛み砕いた文章にして次に示します。

法律は、異動命令が「不利益」を伴うことがあきらかなものでなければ、審査請求を認めていない。また最高裁判例が、身分、俸給に異動を生じておらず、勤務場所や勤務内容について不利益なものでない限り、転任の取り消しを求めることを認めていないとされている。こうしたことに照らし、今回の異動は「降任や降給を伴わない水平異動」であり、不利益はない、したがって審査請求の対象にはならない、よって却下とされています。これが基本の判断です。

また三戸さんは勤務の場所や勤務内容について、いくつかの点を取り上げて訴えを示していますが、それについては次のような回答でした。

「審査請求人（三戸さん）」が求める合理的配慮への請求は、「転任処分とは直接の関連性を有しておらず、本件転任処分による不利益とはいえない」。三戸さんの訴えの一つ一つは示しませんが、いずれも同様の理由が記載されています。つまり、法律に照らせば、それはいずれも異動後に生じたものであり、審査の対象には当たらない。したがって訴えを却下する。そういう判断です。

もし不服がある場合は、六カ月以内に再審査請求ができると言います。

しかし三戸さんは、この四月より異動して三年目に入ることを考えれば、異動の取り消しを求める、という同じ請求内容で再審査を申し立てることは現実的ではないし、意味がないだろうと言います。

異動について、法律の観点からは「請求却下」という判断が示されたが、自分の勤務状況を考えたとき、課題は何一つとして解決されていない、この後どうするか、六カ月という時間があるので、これから清水建夫弁護士と相談して決めていきたいということでした。

▼人事委員会採決に対する三戸さんの感想

そのうえで、積極的に何らかの発信をしていきたいが、現在の見通しとして次のようなことを考えていると言います。

今後の方向がある程度見えたところで、今回の結果報告と、これからの活動について記者会見の場を設定して発信したいということが一点目。

もう一点は、現在、厚生労働省内に「障害者雇用・福祉施策の連携強化に関する検討会」が設けられているが、そこで懸案になっていることがある。それは現在の「重度訪問介護サービス」(これは専門ヘルパーが、重度の障害をもつ人たちの自宅を訪問し、食事、排泄、入浴などの生活全般にわたる支援を行なうもの）が、勤務時の支援は対象外となっている、それを勤務にも使えるようなものに制度を改められないか、そういう議論が始まっている。またその対象者が「障害区分４以上」と定められているが、自分（三戸さん）は「区分３」であり、やはり対象からは外れている。その点についても提言していきたい。こういう内容でした。

さらに地域格差の問題も三戸さんは指摘しました。あと数年で定年退職ということであれば別だが、自分はこれから二〇年以上勤務することになる。秋田市内に自宅があれば学校数が多く、設置されている区域も集中している。これまでのように三年で異動になったとしても、認めてもらったタクシー利用の上限五万五〇〇〇円の範囲内での通勤が可能になる。

しかし現在の自宅からの通勤ということになれば、二〇年以上にわたって数万円の自費負担が生じてしまう。通勤支援にしてもタクシー代の上限額の設定にしても、現在の制度の中でどうすればよいか、県教育委員会が最大限の配慮をしてくれたということは理解しているが、自分にとっては、これをどう解決できるかという課題は依然として解消されていない。そう言います。

そして三戸さんは、裁決書を読んで佐藤はどう思ったかと尋ねました。できるだけ簡単に、以下の三点について伝えました。

一つは、「人事異動についての不服申し立て」についてては、現行の法律の対象とはならないという判断であるから、これ以上の進展を望むのは難しいのではないか。そうであるならば、「労働条件の整備、つまりは合理的配慮についての訴え」と方向を変えていったらどうか（ただしどこにどう訴えるのがより効果的かは、清水弁護士と相談してほしい）。

もう一つは、今回、タクシー利用に対する交通費の支給は、現在の法律の範囲内で新たな仕組みを認めてもらうことができた。同様に、他の内容についても解釈と運用のし直しをする余地はあるかもしれず、その検討を重ねていくことが必要なのではないか。

三つ目は、現行の法や制度が実状に追い付いていないのであるから、先ほどの重度訪問介護事業のように法や制度を改正していく、場合によっては新たな仕組み作っていく、その案を提言していくという取り組みももっとなされてよいのではないか。

おおむね、このようなことを伝えました。

第4章
専門家は「障害のある先生」の問題をどう見るか

1.「障害のある先生」の声をどう拾い上げていくか
――『障害教師論』の著者、中村雅也さんに聞きながら

ここからは、『障害教師論』（学文社・二〇二〇年七月）の著者である中村雅也さんに話を伺いながら、その報告をしていきたいと思います。中村さんが取り組む学問の内容について、またその生活史的背景について少し説明をしておきます。

この本の「まえがき」でご自身も書いているように、「障害教師論」というのは、「障害のある先生」をめぐるさまざまな事象を調査し、どんな現状にあるかその実態を解明すること。それによって、現在の学校や教育の問題に新たな光を当てようとする、そういう意図を持った学問領域とされています。「障害」のさまざまなありようを研究する「障害

学」の一つのジャンルと見ていいと思いますが、新たな研究領域を確立させようとする、野心に満ちた取り組みだといえます。

中村さんは研究者ですから、問われるべきはその内容です。著者がどのような生活史的背景をもつかといったことについて、必要以上に筆を走らせるのは逆に失礼ではないかという思いもあるのですが、以下の点について触れておきます。

中村さんは視覚障害をもつ障害当事者であり、教員としての経験をへたのち、研究者としての歩みを始めています。自身の障害と、教師としての体験というこの二つは、中村さんが選んだ研究テーマに深く影響を及ぼしていると考えられます。ただし、当事者であり研究者でもあるという点について、中村さんがどのような姿勢を取ろうとしているか、そこには微妙な問題があるようです。その点については後ほど報告することにしましょう。

取材にあたって、私が事前に伝えておいた問いは次の二点でした。

車いすの数学教師である三戸学さんは、通勤方法についての十分な合意が得られないままの異動命令に対し、またそこで発生する通勤費用の自己負担額の大きさに対し、いずれも不当であると秋田県教育委員会を相手取って不服審査請求を申し立ててきました。

そこでの三戸さんの「訴え」について、中村さんがどんな感想を持っておられるか、あるいは「障害のある先生」が働く現在の教育現場に対してどんな要望や考えを持っておられるか。これが一点目です。二点目は、中村さんのこれまでの歩みについてお聞きしたいこと。障害当事者として教員をめざしているときのご苦労、教育の現場に立ったときにどんなことを感じたか。これが私の質問事項でした。

▼研究者としての立場、障害当事者としての感想

中村さんは次のように述べました。まず、障害当事者の感想ではなく、研究者としての意見を述べたい。当事者としてということであれば、現在頑張って勤めている現役教員の方たちがおられるし、彼らのほうが適任だろうと思う。自分（中村さん）は障害のある教員について研究をしてきた者であり、この問題についてのコメントは、最も適任だろうと自負している。したがって、当事者としての感想ではなく、これまでの研究を踏まえての客観的発言だと受け止めてほしい。そう前置きをしてから話し始めました。

私の二つ目の質問については、次のような留保を述べました。自分の研究は、障害のある教師として勤務してきた中でのさまざまな思いをバックグラウンドとしたものであることは間違いない。しかし研究を続けていく中で大きな課題になったことは、当事者性と、

研究者としての客観性が混同されて受け取られてしまうことだった、と言います。

「ぼく自身は、はっきりと切り分けているつもりですが、研究として提出している論文を、当事者としての個人的な感情に基づいたもののように取られることが、しばしばあるのです。今回の取材においても、ぼくが何らかの発言をし、それを佐藤さんがまとめ、そして公表するわけですが、二つの内容が併記されてしまうことで、同じように混同されてしまうのではないかという危惧を持ちます。三戸さんの問題についてぼくがどう受け止めてきたかといえば、研究者としての捉え方と、当事者としての捉え方はやはり違うのです。先ほど言ったように、三戸さんの問題については、研究者の立場からの発言だと受け取っていただきたいと思います」

了解する旨を伝えました。以後、その指摘を踏まえて記述していきますが、もし誤解が生じるような場合は、その文責はもちろん佐藤です。

▼三戸さんが提示した「新たな問題のかたち」

中村さんは、まず、三戸さんの問題には大きく二つの側面があると言います。一つは通勤手段が確保されていないなかで転勤が行なわれたこと。その交渉の中で、もう一つの問題として通勤費の問題が出てきたこと。この二つは分けて考えたほうがいいといいます。

「この問題は、従来の教員採用試験の募集要項のなかに、自力通勤できることと介助者なしで勤務が遂行できること、という二つが受験資格として書かれてきたのですが、やっと昨年度、募集要項の中から削除されました。そのことに端を発しています」

この改正は、文科省がこの条項への見直しを通達し、各県の教育委員会がそれを受けてのことでした。「障害者欠格条項」と呼ばれるもの、あるいはそれに通じるものがあることは私も理解していましたが、その文言が削除されたということは、うかつにも初めて知りました。中村さんは続けて言います。

「『自力通勤ができる』ということ自体、定義がはっきりしていなかったと思うのですが、採用者のなかに、自力通勤できない人がいたときにどうするかということが、教育委員会にあってしっかりと考えられていなかった。『自力通勤ができること』と抽象的に書かれていたものを外したとき、どういう事態が起きてくるか。それが三戸さんのケースによってはじめて具体的なかたちで浮き彫りになったわけです。しかも個人の問題としてではなく、障害のある教師一般に通じる問題として提起してくれたのが、今回の三戸さんのケースです。ぼくはそう理解しています」

中村さんは、教育委員会の見解や今回の人事委員会の裁定にたいし、個人的にはいろいろな感想をもっているが、判断材料がないので研究者としての言及は控えたいと言い、そして続けました。

「一つだけ付け加えるならば、教育委員会の理念が現実に追い付いていなかった、そういう現状があったと思います。その点に関しては教育委員会に批判的です」

私（佐藤）は、同様の問題が他の都道府県でも現われてきても不思議ではない、あるいは異動や通勤という同じテーマでありながら、異なる問題の形で具体化してくるということも考えられるのではないか、そのように考えています。「全国の教育委員会に共通する問題と受け止めていい、そういうことですね」。私はそう尋ねました。

「そういうことだと思います。ただ、市街と地方では具体的な状況が違うし、秋田と東京では違いますね。今回の秋田の問題が全国の問題に直結するかどうかはまだ分からないのですが、少なくとも障害のある先生の具体的な課題が上がっていて、それについての議論がなされているという事実は、ほかの都道府県からは表面化していません。でも潜在的には必ずあると思います」

異動の問題や通勤の問題で改善を求め、声を上げている「障害のある先生」は、三戸さん以外、いまのところいないようです。しかし潜在的にはいるはずですし、そうした声をどうやって拾い上げていくか、それはこれからの重要な課題ではないか。私のそうした問いに、中村さんは次のように答えました。

「長年にわたり、視覚障害、および肢体障害の教師にとって、通勤問題は深刻で困難な課題でした。訴えたり、交渉したり、妥協したり、あきらめたりしてきたわけですが、佐藤さんがご指摘のとおり、すくいあげられず、不可視化されてきたのです。自己負担でタクシー通勤していた先生もいますし、家族などの送迎でしのいでいた先生も多くいます。三戸さんのタクシー通勤というのは、初めて現れたモデルだと思うのですね。

この点に関しての秋田県教育委員会の判断は、多くの人が評価していると思います。今までは、よその都道府県でもタクシー通勤に通勤費は出せないと考えていたと思うのですが、秋田の判断が一つのモデルとなって、こういうことができるということが示されたわけです。これがすべての解決策ではないにしても、こうして一つのケースが現れると、それがきっかけとなって全国的に影響を与えていく、そういうことは起こりうるだろうと思います」

中村さんも指摘しているように、難しい課題が地域間格差の問題です。秋田県にあっても秋田市内と周辺の地域では違うし、東京と秋田では大きく事情が異なります。この問題をどう考えるか。

「間違いなく、分厚い人材の層があるところと薄いところ、場合によっては全くなかったりするところもあります。これは学校の教員の問題だけではありません。端的に表れるのは障害者の自立生活ができるかできないか、高齢になっても一人で生活できるかどうか、地域のサービスの厚さがどれくらいかによって、大きく変わってきます」

地域格差に対して制度がどこまで補うことができるか、なかなか難しい問題です。中村さんは「障害者運動では、資源がなければそれを要請するという運動をするわけです」と言い、次のような試案を示しました。

「資源がなければそれを作っていくという運動ですが、ひょっとしたら企業が少ない地方のほうが、働き手の潜在的なパワーはあるかもしれないですね。そうした人材をうまく取り込みながら、さまざまな支援を社会資源として事業化していく。もちろんそのとき十分な給料がもらえて、充実した仕事につながることが前提です。安い給料で障害者の面倒をみさせるという発想ではだめですよね」

この問題は、三戸さんの問題から何を一般化できるか、という私の次の問いと、それに対する中村さんの答えにつながっていきます。『障害教師論』に「障害者労働の業務支援理論」としてまとめられたテーマです。

▼三戸学さんの問題をどう一般化していくか

これから中村さんの「業務支援理論」に触れていくことになりますが、その前に、以下の点について再確認しておきます。文科省の実態調査の、職場でなされている「合理的配慮」の具体例には、三戸さんが希望する「修学旅行の引率」や「学級担任」の紹介はありますが、通勤をめぐる内容は記載されていません。この点に関しては、表面化はしていないけれども、全国的に共通する問題ではないかというのが、中村さんと佐藤に共通する認識でした。

次に私は、三戸さんの問題から一般的な問題としてどんなことが取り出せるか、と問いかけました。『障害教師論』のなかに「障害者労働の業務支援理論」というテーマで一章を割いている、これは障害者の労働をどう支援したらいいかというモデルの提案であり、ここに通じるものがあると述べ、中村さんは次のように話し始めました。

「障害のある教員に人的支援をつけるとき、同僚の教師がサポートしているケースが多いですね。たとえばＴＴ（ティームティーチング）という形で、数学だったら同じ数学の先生が授業のサポートに入る、非常勤の先生を入れて、採点のお手伝いをしてもらう、そういう形です。三戸先生にも一時、人的サポートがついていたことがありますが、これにはいい面があります。数学であれば、数学の専門性のある先生にサポートしてもらったほうが、数学の力があるし、採点の要領も分かっているので都合がいいわけです。しかしその一方で障害のある教員の支援は、教科指導だけにはとどまらないものがあります」

それが、今回の三戸さんのケースで典型的に現れた問題だと言います。

「三戸さんの場合は通勤支援がそうだったわけですし、洋服を着るときにもサポートを必要とします。そういう生活のサポートは同僚の教員でなくともいいわけですが、しかしここにはまた、別の専門性を要します」

「別の専門性」について、中村さんは次のように言います。三戸さんが明らかにした「通勤支援」という問題は、福祉用語に置き換えると「移動支援」という問題になると指摘し、そして続けます。

「『移動支援』を専門性のない、例えば教頭がやってしまうと、車に移乗させるときどういうふうに乗せれば快適かは分からない、乗せ方によっては三戸さんが怖い思いをする、そうしたことは分からないわけです。身体に不自由のある方の介助はそれなりに慣れていないとできないですね。車いすの操作にしても、本当は怖いけれど我慢している、本心では専門性のある支援者にやってもらいたい。そういうことをふくめ、支援にはさまざまなものがあり、適格性のある人は限られています」

中村さんはさらに、次のように述べました。たとえば視覚障害のある数学教員への支援。同僚の数学教員でもテストの採点はできる、しかし点訳の教科書を作ってくれと言っても、それはできない。聴覚障害のある数学教員への支援も、生徒たちの発言を手話で通訳してくれる同僚は、ごく少数ならばいるかもしれないが、では数学という教科の専門的なサポートをしてもらえるかというと、そこはうまくいかないことはありうる、そう言います。

▼障害支援要件と職業要件

「ぼくは四つに類型化したのですが、障害のある教師を支援するためには二つの要件がいるのです。一つは教師であることとか、数学の教師であるというような意味での、職業に関する専門性についての要件。これを「職業要件」と言います。

もう一つは、車いす使用の教員だったら、車いす使用についての専門性。全盲の教員であれば、移動のサポートをしたり点字の教科書をつくったりする、盲という障害についての専門性。聴覚障害の人であれば、手話をしたり、パソコンの要約筆記ができるような専門性です。これを「障害支援要件」とぼくは名付けています」

障害者の労働を支援するためには、職業支援要件と障害支援要件の二つを必要とし、

・職業支援要件を満たす人による支援
・障害支援要件を満たす人による支援
・両方を兼ねそなえている人による支援
・特別な要件を必要としない一般の人的支援で充分な支援

この四つの類型に分類できると言います。

「教科の専門性のある人には採点、板書、指導補助、そういうサポートを任せればいい。教科の専門性がなくても、車いすを押したり、視覚障害の人の移動支援については、ガイドヘルパーのような専門性のある人がいるわけですから、その人に任せればいい。洋服を着る手伝い、給食を運ぶ、といった特に専門性を必要としない支援もあるわけですが、でも、それがなければ障害者は生活ができないですから、これはこれで必要な支援です」

障害のある先生の支援を、これまでのようにすべて同僚教員に担ってもらう、学校の中

だけで完結させてしまうという発想は、これからは改めていったほうがいい。それが中村さんの主張するところでした。

「三戸さんの場合でも、教科の支援は同僚にやってもらうにしても、通勤は福祉タクシーという移動支援の専門性の人がいるわけだから、その人にやってもらう。必要な福祉タクシーは教育委員会が準備する。社会には障害を支援する資源がたくさんあるわけですから、そういう資源をフル活用して障害のある先生を支援する。必要なものには教育委員会がお金を出して用意する。そういう必要性があるということを、「障害者労働の業務支援理論」で書いています」

これが中村さんによる、障害のある教師の「業務支援理論」の基本的な考え方でした。

▼障害のある先生を「感動の物語」にしないために

それから中村さんは「三戸さんのおっしゃっていることや佐藤さんの書かれていることを読んで、一番言いたいことを話してもいいですか」と前置きをして、次のようなことを話し始めました。少しばかり微妙な話題になります。

「障害のある教師の問題で一番混同させてはいけない、とぼくが感じていることは、障害のある教師の教育的効果という問題と、障害のある教師を支援しなければいけないという問題とを、同じ次元で語ってはいけないということなのです。

たとえば三戸さんは、自分が障害のある教師であることで、がんばっている姿を生徒たちに見せる、卓球に打ち込んでいる姿を見せることで、生徒たちにいい影響を与えているという主張をしますね。たしかに障害のある先生の強みはたくさんあって、現場に入ることで素晴らしい教育効果があることは確かなんです。

以前も紹介していますが、文部科学省の「障害者雇用推進プラン」のなかでも次のように謳われています。

「児童生徒等にとって、障害のある教師等が身近にいることは、①障害のある人に対する知識が深まる　②障害のある児童生徒等にとってのロールモデルとなる　などの教育的効果が期待されるところである。さらに、新しい学習指導要領において対話的な学びの実現が求められる中、障害のある教師等との対話は、児童生徒等にとって、共生社会に関する自己の考えを広げ深める重要な教育資源となることも期待される」

この点につながる問題提起だと、私は受け止めました。中村さんは続けます。

「障害のある先生が学校にいることで、こんなにいいことがある。だから学校で採用しなければいけない、支援しなければいけないと結びつけてしまうのは、趣旨が違っていると思うのです。たとえば数学の教師としての実力をつけたい、それが教師としての自分の目標である、と考える障害のある先生がいたとします。その先生に対して周りから、「君は障害者なんだから、障害のある教師としての特性を生かし、子どもたちの「心の教育」をしなければいけない」というような役割分担を押し付けられるとしたら、これはおかしいわけです。

あるいは車いすの先生が管理職に、「三戸先生は車いすで卓球部の指導をし、あれほど教育的効果を上げている、君もなぜそうしないのか、それをしないのはだめではないか」、と言われてしまう可能性もあるわけです。つまり、障害があることで素晴らしい教育的効果を発揮する、だから採用し、支援する。そういう考え方は筋違いだということですね」

中村さんはもう少し踏み込んで、次のようにも言いました。

「障害者であることで、その効果を発揮しなさいと求められることは、障害があることによる見返りを求められていることですね。見返りというお土産を持ってくれれば、できないところは大目に見てやろう、役割を与えてやろう。そういう発想が潜んでいると思うのです。つまり障害者はできない存在、劣った存在として見られている。そういう障害者差別の発想が潜んでいると思うのです」

この話から私が連想したことは、少し前にNHKEテレの『バリバラ』で、障害者による感動物語を取り上げて「感動ポルノ」と称していたことでした。ここまでうまいネーミングは私にはできなかったのですが、『ハンディキャップ論』（二〇〇三年・洋泉社・新書y）という本で、私は「感動物語」について皮肉を込めて触れたことがあります。

その後、ある場所で「テレビの障害者感動物語は、一般視聴者を感動させてくれない障害者は要らない、感動させてくれる障害者だけがテレビには必要なんだ、要するにそういっている番組じゃないのか」といった趣旨のことを話して、少しばかり叱られたのでした。「感動物語」であっても、そのことがきっかけとなって、「障害」や「障害者問題」に関心を持ってくれることだって考えられる、だから全否定するのは間違っている。そういう批判でした。

その批判を踏まえながらも、中村さんの言っていることをこちらの趣旨に引っ張れば、「感動させてくれる先生でなければ支援はしない。そう考えるならば、それは本末転倒だ」、そういう指摘として受け止めてもあながち間違いではないのではないか。同意とともに私はそんなことを考えたのでした。

「教育効果が高くなることは確かなのでつい強調してしまうのですが、障害のある先生が孤立しがちな中で同僚や保護者に自分をアピールしたり、障害者運動で相手を納得させるためのロジックとしては、あっていいと思います。しかしそのことと支援の必要性を直結させてはいけない。問題は別のことにしておかないといけない。もちろん三戸さんは分かっておられると思います」

まずは支援の手立てをする。しかしこの手立てもその人を優遇する特別な手立てではなく、社会に参加するときに対等なスタートラインにつくための、当然の準備である。

「これを合理的配慮というのだと思うのですが、権利としての支援です。世の中にはすでに配慮されている人たちと、配慮されていない人たちがいる。健康な人たちはすでに配慮されている。例えば二階に行けるように階段がつけてあり、男女のトイレを間違わないようにシンボルマークが掲げてある。だから困らない。でも障害のある人には階段やマークは配慮にならない。視覚障害のある人間には、シンボルマークは配慮にはならない。だから困ることが多いわけです」

対等なスタートラインにつくための配慮、それが合理的配慮である、特別の優遇ではない、中村さんはそう繰り返したのでした。

2．現場での支援、理念と現実のはざまで

▼取り組みの始まった教育委員会と国立教員養成大学

ＷＥＢをのぞいていると、二〇二一年二月四日の読売新聞オンラインに次のような記事がありました。障害をもつ教員志望の大学生、大学院生を支援するために、奈良県教育委員会が「全国障害学生支援ならネット」を立ち上げ、参加者を募集している。学生同士や、障害のある教員とオンライン上で交流できる他、奈良県内であれば希望者の教育実習も受け入れる。対象は全国の学生。こんな内容でした。奈良県教委の障害者雇用の法定雇用率のアップと、教員を希望する障害のある学生への支援との、両方をめざしたものと説明されています。

なかなかのアイデアです。奈良県内で受験する場合、一次試験の一般教養と面接を免除

するという特典までついています。これは魅力的です。特典をどうするかは議論が百出しそうですが、他県の教育委員会にも普及していけばいいなあ、と感じさせる好企画です。

また文部科学省のホームページには、「教育委員会における障害者雇用に関する実態調査」の結果が公開されており、次のようなケースが報告されています。

「川崎市：聴覚障害のある教員の情報保障のため、手話通訳者を配置（市単独事業・令和元年度より実施）」

「宮城県：県立学校等に障害のある教務・業務補助員を配置し、教職員の業務を軽減（県単独事業）」

「熊本市：教育委員会事務局に執務室を設置し、各学校へローテーションで派遣」

「静岡県：視覚障害のある教員には、パソコンの読み上げソフトを活用し、職員会議の資料などをテキストファイル化してデータの提供を行っている」

「（島根大学）障がい学生支援室を窓口として、障がいのある高校生や特別支援学校生徒の大学見学・体験入学の受け入れ、教員（担任や進路担当教員等）からの質問や事前相談、見学等に対応している」

「（滋賀大学）教育学部では独自に、障害のある学生の入学が決定した時点で、個別支援チームを立ち上げ、入学前の3月に高等学校教諭、本人、保護者を含めて打ち合わせを行い、①当面のスケジュール、②修学支援の実情等の共有等を行っている」

こうした支援体制が、より多くの教育委員会や教員養成大学で充実したものになっていけば、障害のある先生はもっと増えていくだろうと思います。

▼超えるのを難しくするハードル

ここまで車いすの中学校教師三戸学さん、途中から視覚をすべて失い、学校教員から大学の研究者に転じた中村雅也さんなど、障害当事者の方たちへの取材を続けながら「障害のある先生」の問題を考えてきました。

連載する雑誌でこの稿を執筆していたのが、二〇二一年三月下旬であり、間もなく新年度が始まる時期でした。三戸さんは、念願の担任希望がかなえられるかどうか、私信で期待と不安を語っていました。お伝えしてきたように、管理職は、それは三戸さんへの「配慮」に基づく決定である、といろいろと理由を述べていました。しかし私には、その「配慮」に合理性は感じられませんでした。そしてそこにはもう一つ、微妙な問題があるのではないかと感じていました。

たとえば、中村さんへの取材のなかで個人史について尋ねたとき、次のように述べていました。自分は教師という仕事が好きで、人並み以上に打ち込んできた人間だと思っている。弱視ではあったが、生徒にも積極的にかかわったし、視覚教育の専門的な勉強もしたし、肢体不自由の養護学校に転勤になったときには、その領域の勉強に取り組んできた。教師集団の中心的存在として仕事ができて、とても充実していた。そう言います。

ところが、家庭の都合で他県に移ったところで事情が変わっていきます。新しく赴任した病弱の養護学校時代に視力が急速に落ちていき、全盲の教員として盲学校に異動しますが、そこで同僚教員の自分への見方や対応が、がらりと変わったのを感じたといいます。その後病気休暇に入り、間もなく退職することになります。

「ごく普通に教員をやってきて、視覚障害者になってごく普通にいろいろと困ったことが起きて、ごく普通に排除されて教員を辞めた。そういうありがちな話です」

インタビューの冒頭、中村さんから、障害当事者ではなく、研究者・中村雅也として話したい、そこはきっちりと分けておきたいという要望が伝えられていたので、それ以上の質問を重ねることは控えました（私自身は、中村さんのこうした考えは理解できます。研究者はその研究内容が問われるのであって、それを書いた人間に障害があるかどうかとか、どういう人間であるかといった問題は、二義的以下のことに過ぎない。障害があろうとなかろうと研究者は対等である。そういう基本的な考えを持っているのだろうと推察され、私は同意します）。そして中村さんは、ありがちな話だと述べるにとどめていましたが、教員集団のなかにあって、関係のあり方に相当苦慮されただろうことが推測されるのです。

先ほど三戸さんの担任問題について、「微妙な問題」という言い方をしたのですが、それはここに通じます。ここまでの取材を通し、私が強く感じていることは、「障害のある先生」と同僚教員との「関係」という問題です。「健常」の同僚たちが、「障害」や「障害者」という存在をどう理解し、日常的にどんなかかわりをつくろうとしているのか。教育行政職員、管理職など、教職員に対して指導的な立場にある人についても同じことが言えます。いや、もっと重要です。建前ではなく、彼らがどんなふうにして「障害のある先生」と接しようとしているのか。

文科省が障害者雇用についてのさまざまな方針や指針を打ち出すことは、もちろん大事です。法や制度を整えていくことは、何をなすべきかの根拠が示されることですから、重要であることは言うまでもありません。しかし、法や制度や方針をどこまで命の通ったものにするか、骨抜きにして形骸化させるか、あるいは悪用するか、それは「ひと」次第です。やはり「ひと」という課題が最後まで残るようなのです。「障害のある先生」と同僚の教員。そこにどんな「関係」がつくられるか。

もちろん「関係」ですから、「一方的」ということはあり得ません。一方による、もう一方への押し付けではなく、双方が歩み寄ってなされる「双方向的な理解」というものが必要になります。そしてこの課題は、日常的なかかわりの積み重ねである分、微妙なながに置かれます。さらに言えば、関係とはあくまでも個別性です。「障害者」と「健常者」というカテゴリー同士の関係ではなく、「Aさん」という具体的な人間と、「Bさん」という具体的な人間の個別関係をどう作るか。

「関係」というものは不思議なところがあって、あるいは逆説的なところがあって、「自分のことを理解してほしい」と訴えれば訴えるほど、相手との距離は遠くなってしまう。逆に、自分のことはいったん脇に置いて、こちらが相手のことを理解しようと努めれば努めるほど、相手もまたこちらへの関心を向けてくる、距離が近づいてくる。どうも、そんな特性があるようなのです。

「合理的配慮」という言葉にしても、それをどう受け止め、具体的な関係のなかでどんな形で示されるかは、一人一人によってさまざまなニュアンスを帯びるはずです。逆に言えば、当事者たちにとっては言いたいことはあるけれども、この人にはどう伝えればいいのか難しいと感じたり、これは言わないほうがいいと考えたり、言っても理解してもらえないだろうと思ったり、なかなか口にしにくい微妙な事情が、必ずそこには付随しているだろうと思います。

同僚教員の支持的なかかわりをどう引き出していくか。排除的なかかわりを、どう防いでいくことができるか。この問題を考えていきたいというのが、ここでのテーマになります。

▼同僚教員による支援というテーマ

同僚教員による支援、というテーマで私の脳裏に真っ先に浮かんだのは、横浜市の公立中学校で教員として定年まで勤務していた赤田圭亮さんでした。赤田さんと岡崎勝さんが編者となった『わたしたちのホンネで語ろう　教員の働き方改革』（日本評論社）については、すでに紹介しています。その際のメールのやり取りに、五〇代の、発達障害傾向のある先生のサポートをした経験があるということが書かれており、いつか詳しい話を聞かせていただきたいと機会を待っていたのでした。

赤田さんについて簡単に紹介しておきます。学校現場の労働問題についてのエキスパートでもあり、少人数の独立系の教職員組合を立ち上げ、その代表を務めるなど、組合活動にも長く専心してきました。とは言っても、教条的イデオロギーを前面に出して論難していくタイプとは異なっています。教育の現場は矛盾の塊であり、理念やイデオロギーで押し通そうとするだけではいかんとも動かしがたい局面がたくさんあることを、熟知している実践者です。そのような印象があり、加えて著書を拝見するたびに、私は教員としての腕の確かさを受け取ってきました。著書の記述はそのことを十分に伺わせるものでした。

先のメールを読むと、窮地に陥った五〇代教員へのサポートが、そうとう踏み込んだところまでなされていることを感じさせました。赤田さんがどんなかかわりかたをしたのか。同僚教員はどんな反応を示していたのか。管理職はどうだったのか。この点について話していただきたいというのが、私の問いの一つ目でした。二つ目は、学校という現場で、あるいは教員集団のなかで、「障害のある先生」と一緒に仕事をするにあたって、何をどう考えていくことが大事なのか。赤田さんがどう考えているのか。こうした二つの質問を用意していたのでした。

赤田さんは中学校を退職した後、ある大学の教職課程で「教職実践演習」を担当しています。今年度はオンラインでの授業を続けてきたのですが、なかに聴覚障害のある学生がいました。その学生から、教員になりたいのだが、受け入れの現状がどうなっているか、どんな準備が必要か教えてほしい、という依頼があったと言います。

「彼は四年生で間もなく卒業していきますが、ある競技のアスリートとして一般企業への就職が決まっています。そこで何年か働いた後、教職に就きたいという希望を持っているのです。私は聴覚障害のある教員とは一緒に働いた経験がないものですから、佐藤さんの連載を紹介して、『今から準備しておいたほうがいいよ』と伝えてきました。佐藤さんが書かれていた奈良県や熊本県のように、進んだ取り組みをしているところがあるということは私も知りませんでした。そこで、横浜市の選考試験の受験案内を見てみました。選考の方法自体が遅れているというか、旧態依然というか、そんな印象を受けました。さまざまな特別選考枠のなかで、取ってつけたように最後に書かれているのです」

▼教員採用試験における「障害者特別選考」について

そこで私もさっそく調べてみました。横浜市の選考区分を紹介します。
まず、一般選考（通常の選考枠）と特別選考とに、大きく分かれます。

特別選考の①が教職経験者。資格を満たすための取り決めがありますが、こちらは省略。一次試験は学習指導案の提出のみ。②は社会人経験者と国際貢献活動経験者。やはり学習指導案の提出のみ。③が大学推薦。一次試験は免除。書類選考で不合格の場合は一般選考に回る。④スポーツ推薦。指導案のみ。⑤横浜市教育委員会が設置するアイカレッジ卒塾者という枠。一次試験は免除。

そして⑥が障害者特別選考です。受験資格は、一般選考区分を満たすこと。障害者手帳、療育手帳（知的障害者であることの判定書）、精神障害者保健手帳が交付されていること。一次試験は「各選考区分に従う」とあります。また〈配慮の具体例〉としては

○視覚に障害のある方（具体例は抜粋［以下同］）、点字による出題、盲導犬の同行、問題用紙の拡大、試験時間の延長など

○聴覚に障害のある方（説明文の書面による配布、手話通訳者の配置［二次試験］など）

○下肢等に障害のある方（スロープ、エレベーターの利用できる試験会場、車いすが使用できる試験会場）、といった内容が記載されています。

赤田さんの指摘に示唆を受け、他県の「障害者特別選考」についても調べてみました。

それぞれ特徴があり、主な点のみの記載ですが、以下のようになっていました。

秋田県。「一般選考に示した受験資格を有する者。身体障害者手帳（1級から6級）の交付を受けている者、また指定医による診断を受けている者」とありますが、療育手帳や精神障害者保健手帳の記載はありません。留意事項には「申し出により障害の種類や程度に応じて、受験方法や設備面での配慮をする」旨が書かれています。

東京都。教育委員会の選考試験に関するホームページには、「障害に配慮した選考」と題されたページが二ページ費やされ、他県にはない特徴になっていますが、「配慮の具体例」の欄は「視覚」「聴覚」「下肢」の3区分だけです。

目を引いたのが、「過去の実施状況」として、平成二七年度から令和元年度に実施された試験時の配慮事項、そこでの受験者数と合格者数が表になって示されていることです。配慮区分は、点字、拡大文字、手話、車いす、その他とされ、各年度の申込者数と合格者数は次の通りです。合計数のみを（申込者／合格者）として示します。

二七年度（43／5）、二八年度（47／9）、二九年度（32／8）、三〇年度（34／10）、元年度（32／2）。

大阪市の受験資格は、身体障害者手帳、療育手帳、精神保健福祉手帳の交付を受けている者、となっています。

身体障害だけか、療育手帳や精神保健福祉手帳も記載されているか、このあたりで分かれるようです。ここには少々厄介な問題があって、私は六、七年ほど前、大学や高等専門学校を回り、「発達障害の学生」にどんな支援がなされているか、取材をさせてもらったことがあるのですが、次のような課題がありました。

九州のある工業高等専門学校（以下、高専。高専の卒業生は即戦力としての期待が高く、採用率は非常に高いものでした）では、受験学生に発達障害があることを会社の側に事前に伝えてしまうと、採用にあたって不利になる、そのあと受験していく後輩の卒業生たちにとってもいい印象は持たれない、それで伏せたままの受験となっているが、それがアフターケアの難しさにつながっている、という話を担当者より聞きました。一般企業では残念ながら、障害を伏せたまま受験、したがってアフターケアもできないというのが、当時の（そしておそらくは今も続く）現状でした。

教員採用の「障害者特別選考」を詳細に見ていくと、ユニークな受験資格を定めている教育委員会や、全国の範例となるようなケースが見つかるかもしれません。「障害のある学生」に対しこうした情報がどこまで届いているか、その点が気になるところですが。

▼場を変える、方法を変える、関係を変える、視点を変える

赤田さんの話に戻りましょう。赤田さんは、若い教員二名について話し始めました。いずれも障害者手帳はもっておらず、発達障害という診断は受けていません。しかし、そうした傾向を強く感じた人たちだったと言います。

「私の教員生活の最後に出会った若い人は、理科系の国立大学を出ている正規採用の教員でした。能力的に高く、パソコンはとても詳しい。ところが相手の気持ちを察することが難しい。ときに、自分の理解の範囲だけで行動してしまうことが見られ、そのことが、同僚には協調性がないと思われてしまうのですね。厳しく指摘されるとパニックになったり、自信を喪失して激しく落ち込んだりするのです。一部の生徒とはうまく付き合うことができましたが、三〇人以上もの生徒を一斉に相手にする授業は、厳しいところがあると私は感じていました」

管理職は「あなたは正規職員として採用されたのだから、できて当たり前でしょう、これくらいのことはできないと困るよ」というような、きつい対応が多かったといいます。周りの教員も同じ失敗が何度か続くといらだち、この仕事に向いていないんじゃないか、

とそんな言葉を向けることもあったといいます。

「あからさまな排除はしないけれども、軽視するという感じは明らかにありました」

赤田さんはどうしたか。

「私は他の学年で主任をしていたので、私の学年に来てもらうように管理職と交渉しました。そして入ってもらったのですが、飲み会も含めて、とにかく彼の話を聞こうというところから始めました。ときには奥さんも飲み会に呼んで一緒に話を聞いたのです」

赤田さんがやったのは、まず場を変えること、所属する学年を変えること、そしてとにかく話に耳を傾けることだったといいます。

「同僚や管理職から、お前はだめだとか、こういうときにはこうしなければいけないといくら言われても、できないのは仕方がないわけです。できなければどうするか、という話です。次に心がけたことは、生徒に対する彼の対応の優れている点をきちんと評価し、それを伝えていくことでした。自信を持ってもらうことですね。

それから、何かをするときには誰かと一緒にやる。あなたは一人ではないというメッセージでもありますが、要するに取り組むときの方法を変える。そして最後は視点を変えるということ。彼に、変わるようにと要求するのではなく、こちら側の視点を変えていく。

こちらがどう自分の視点を変えていくか」

話に耳を傾け、関係を変えていくことを赤田さんは心がけたわけですが、おそらくここでの「関係の変容」は、若い教員と赤田さんたちとのあいだに信頼関係ができあがっていった、そういう変容だったろうと思います。もう一つ、次の指摘にも強く納得しました。

「集団のリーダーがどういう対応をするか、そのことで若い教員たちはずいぶんと変わります。だからこちらは、具体的な彼の失敗にこだわって感情的に受け止めるのではなく、一般化して受け止めるようにしました。これが生徒だったらどう考えるか。自分の家族だったらどうか。いろいろな視点で考えながら、思考を深めていくように心がけたのですね。私は「視点の転換」と言っていました」

障害をもつ人たちに対し、リーダーがどういう対応をするか。学校では管理職が、また学年主任が、教室では担任がどんな対応するかによって、それぞれの場に大きな影響を与えるという指摘は、まさに我が意を得たりです。

場を変える、方法を変える、関係を変える、視点を変える。これが赤田さんがとったスタイルです。私は、「支援」という関係のポイントは、いかにして相互変容のきっかけを作っていくことができるか、そこにあると考えていますから、まったく異論がありませんでした。

▼どうやってその考えにたどり着いたか

「結果的に、彼は教員を辞めていくのですが、私は、個人的な教授関係では優れたものを持っていると思っていたので、知り合いの個人塾を紹介し、そこで一、二年働いたのです。そのあと川崎の町工場に行き、工員として働き始めます。小さな町工場で働いている昔からの職人さんは、できれば食事は一人でしたい、一人でじっと機械に向かっているのが好き、という個人的で個性的な人たちが多いですね。彼にはそんな環境が合っていたようです。そこでの仕事を何年か続け、いまは家族で生まれ故郷に帰り、別の仕事に就いているといいます」

当時の学年の教員たちとは、いまもメールでのやり取りが続いているといいますから、良好な関係は保たれているようです。教職を辞めるにあたって何が原因となったのか、私は気になりました。校長との話し合いの中で、退職を決めないといけないところに追い込まれたということはないですか、と尋ねてみました。

「最後は副担任として私の学年で一年間勤めたのですが、管理職との話合いのなかで決めたとだけ本人は言いました。辞めると決めた後で私は聞かされ、相談に乗るとか翻意させるとか、そういう状況ではなかったですね。教員を続けていてもこれ以上の期待は持てない、そういうことではなかったかなと思います」

これが一人目の報告でした。身体に障害のある人たちとはまた異なる難しさが、如実に表れているケースでした。最後に赤田さんはこんな言葉で締めくくっています。

「彼の発達障害的な面を中心にお話ししましたが、学生時代からバンドをやっていたこと、教員を辞めてからは全く畑違いの日本舞踊を習い始め、同僚の何人かが発表会を見に行ったこと。今でも日本舞踊を続けていること。そんなエピソードもあります。「発達障害」は彼のごく一部です。教職は挫折してしまったけれど、やった意義はあったし、再挑戦することがあってもいいと思っています。なにより受け止める側にとって、重要な提起をしてくれました。そんなことを感じています」

「場を変え、関係を変え、方法を変え、視点を変える」。職場への適応に苦慮する教員。人間関係がうまく取れない、仕事上のミスが少なくない、そのことを揶揄され、やがて軽んじられていく教員。そうした事情が重なったあげく、排除のなかに置かれてしまう教員。

赤田さんはそういう教員たちとの関係づくりに努めたわけですが、周囲の教員たちに、理念を変えてほしい、考え方を変えてほしい。そう求めて改善を図ることは大変難しいことであり、時間もかかる。そこでどうしたかといえば、自分が具体的にやれることは何か、自分の家族だったらどう対応するか、親しい人間だったらどうか。そう考えながら試行錯誤を続け、上記の考えにたどりついていったといいます。

また、赤田さん自身が教育委員会との交渉にあたってそのような姿勢を取ってきた、そのことも関連するだろうと自己分析している点も興味深いものでした。

「とりあえずの一時避難でいい、正面から攻めない、逃げるときには徹底して逃げる。ぼくは行政との関係で、それをやってきたのです。不登校の子が周りの目が怖くて日中は登校できないので保健室登校も難しいというとき、たとえば夜、学校にきて壁を触る、それを出席と認めてもいいのではないか。校長をそう説得し、認めてもらったことがあるのです。教員の場合も、基本的には同じでいいと思っているのですね」

▼柔軟な対応、関係を変えるための考え方

赤田さんはまた、次のようなことも言いました。

初任教員が管理職のパワハラで学校に行けなくなり、休みがちになった。初任教員は一年間条件付き採用なので、療養休暇は三カ月まで、一年間は病気休職が取れず、選択肢は、無理を押して出勤するか職を辞するか、どちらかしかない。

赤田さんは自分たちの組合（日教組とは別組織）に加入してもらい、管轄の教育事務所と交渉していったといいます。不登校と同じように考え、夜、学校にきて管理職と面談をし、事務仕事をしたら出勤として認めてもらえないか。管理職と、そんな相談もしたというのです。

「教育委員会も、それで支えていきましょうということになったのです。まれな例でした。一カ月そうやって過ごし、無事正規採用となりました。その後自ら職を辞したのですが、それでいいと思うのです。やれることはいろいろあるのですね。

教育委員会は反論すべき相手だと思って、いつも真正面から対応してきたんだけれども、段々ぼくも年齢を重ねていくわけです。すると、こういう方法があるよと言いながら、一緒に考えていこうという発想になった。誰のために必要なのか、いま何が必要なのか。そう考えることが大事じゃないか。すると向こうも、そうですよね、となるんです」

赤田さんはこうした自分の姿勢を六〇点主義だといい、次のように続けます。

「教員は、完璧にやらないといけない、中途半端はいけないという発想になりがちです。ぼくは六〇点主義ですが、それは〝荒れた中学校〟が、長かったからなのです。そこで勤務しているとき、教員としての自分の「権威」なんてたいしたものではないし、今日はここまでやれたからOK、とりあえず今日を生き延びたからOK、逃げるときには逃げて、それで解決するならいいじゃないか。そう考えるようになっていったのです」

正論や理想を押し立てて、まともにぶつかり合うのではなく、息を抜きながらちょっとズラして相対していく。その技をどれくらい身につけるか。それが大事なことだったと言います。

「そういうちょっとしたことで現場は動いていくのです。理念を語る前に体をどう動かすか。体の動かし方を変えると違ったものが見えてくる。そしてまた体を動かしていく。それを積み重ねていったのです」

現場のリアルが溢れる発言です。

赤田さんの発想は、徹底していました。給与を手渡ししていた時代のこと、普段、うつ病という理由で休んでいる教員が給料日のときは出勤してくる。赤田さんはそれもOKだといいます。私は「ふつうだったら、給料日に出てこられるなら毎日出てこいよ、と発想しませんか。たぶん私はそうです、おいおい、ですね」。そう言うと赤田さんは、「私も最初は、おいおい、でした（笑）。でも本人にはそれが精いっぱいで、病気の辛さは想像を超えるものがあるのだろうと思いました。自分だってどうなるか分かりませんし」。

若い非常勤講師の例。優秀な人だったといいます。教員ならば誰でもやっているある業務を依頼したところ、対応できなかった。赤田さんは、「こういうものを参考にして、こういうふうにやればいい」と何度か伝えていたのですが、一つとして取り掛かることができなかった。どうしていいか教えてほしい、とも言わなかった。

授業中も、生徒から何か言われると対応ができなくなる。子どもたちが騒ぐと、周囲の教員から厳しい指摘を受けてしまう。採用試験を合格して近隣の学校に採用になるのですが、そこでもうまくいかなかったといいます。

「この方はしばらくたって、まず三カ月の療養休暇に入ります。そのあと休職に入り、復帰し、使える制度をフル活用して教員を続けたのです。この話を聞いたとき、これはいいぞと思ったのですね（笑）。自分の職を維持するために使える制度をどんどん利用していく。このことをぼくは決して悪いことだと思わないのです。生き延びていく術ですから」

見事だなと思いました。私が現場時代、赤田さんほど腹を据えた受け止めができていたかどうか、忸怩たるものがあります。たしかに、学校現場がここまで事務と雑務に忙殺される時代だからこそ、自分の職と生存を維持するためには使える制度はフルに使っていい、というサバイバルの発想が重要なのかもしれません。

▼学校現場に発生する「排除」のメカニズム

さらに次のケース。一人の教員をめぐり、職場全体が排他的な雰囲気になっていったとき、侮蔑的な言葉や対応がいかに日常化するか、そのことを端的に示している例です。対象は、教員歴二〇年を超える男性教員（Zさんとします）。前任校の時代に相談を受けた赤田さんは、管理職の対応はパワハラであると職場交渉に出向き、「あなたたちのやっていることはイジメであり、差別だ」と、厳しく糾弾します。Zさんは異動になるのですが、次の赴任校では、管理職までが侮蔑的な対応を日常化させていったといいます。

あるとき年少のある教員が、Zさんも同席するクラスの子どもたちを前に、一つの絵本の例だとして次のような話をしました。AさんとBさんがいました、Aさんは一生懸命仕事をしましたが、Bさんはやらなかった、でもご褒美は同じです。これはどう思う、と子どもたちに尋ねたといいます。

すると「一生懸命やらないBさんが、同じご褒美をもらうのはおかしい」。子どもたちはそう答えます。若い教員は続けて、「先生の世界も同じ。A先生は一生懸命仕事をする。B先生は周りの先生たちに手伝ってもらいながら、やっと仕事ができている。でもB先生は年が上なので、たくさんお金がもらえるのはB先生のほう。これっておかしいよね」。

子どもたちの前でこんなことを言われたZさんは、ショックを受けたと赤田さんに訴えます。この年少の教員が、Zさんを揶揄する先鋒に立っていたようだといい、それは他の教員にも及んでいました。ある飲み会の席でのことです。

同世代の教員がZさんの結婚歴や離婚歴を言い立て、最後に「Z先生は愛の伝道師ですね」と揶揄しました。注意する人間が誰もいなかったばかりか、数日たって、副校長までもが「よう、愛の伝道師。俺にも愛の伝道のしかたを教えてくれ」と、およそ信じがたい発言を投げつけます。衆目の前です。プライベートなことをさらされ、しかも職員室においてこんなことを言われる。Zさんは職場にいるのが苦しい、と赤田さんに相談します。さすがに聞き捨てならないと判断した赤田さんは、学校に乗り込み、校長に直談判に及びました。

「ぼくは副校長の「愛の伝道師」という言葉が決定的だと思いました。管理職が率先してこういうことを言っている。これは職場全体で彼を排除している何よりの証拠です。事実関係のちゃんとした調査と、Zさんへの謝罪を求めました」

〝教員間のイジメ〟というべき問題は、ときに報道されます。私はそのたびに信じがたい思いを抱いてきましたが、赤田さんの話で了解しました。一度そうしたメカニズムができてしまうと、日常化し、揶揄され、軽んじられる。そしてエスカレートしていく。大人集団であろうと教員集団であろうと、起きるときには起きると、改めて考えざるを得ませんでした。

確かにZさんはミスが少なくなかったといいます。ときに集中力を欠き、重要なものをなくしてしまう。周りの教員がいくら注意しても仕事が遅れてしまう。普段は真摯に子どもたちに向き合っているZさんに対し、そんな評価が根強かったといいます。

▼「管理職によってここまで変わるものか」

以降の経緯については簡単に書きますが、校長は事実関係を調べ、副校長の発言については、赤田さんとZさんの前で立ち上がって「申しわけなかった」と頭を下げ、校長も軽く見るような発言があったことを認め、謝罪をしたといいます。

赤田さんは、職場全体がメンタルケアについての理解を深めるように、職員研修の場を設けてほしいと要望を出します。しかし、プリントが一枚配られただけでした。間もなく管理職は赤田さんとの交渉を避けるようになり、このままでは職場の雰囲気は変わらないと判断した赤田さんは、Zさんに診断書を取ってもらい、病気休暇に入るようにしました。

「管理職とは没交渉になりましたが、教育事務所は対応してくれました。療養休暇が明けてからは、半年間にわたって担当者と頻繁に連絡を取り合い、対応を協議し続けました。その結果、在籍二年にもかかわらず（通常は三年）異動が実現しました。教育事務所は規則に縛られず、適切で柔軟な対応をとってくれたと思います」

この異動が功を奏しました。

「異動先の校長は非常に包容力のある方で、障害をもつ子どもへの対応も含めて、よく分かっておられる方だなと思いました。教員全体がそういう対応になっているのです。クラスのなかの障害のある子どもに対して、担任がどう考えているかによって子どもたちの対応もがらりと変わります。それと同じです。管理職がどう考え、どう対応するか」

赤田さんが以前所属していた中学校では、特別支援学級と親学級の関係がきちんとできていたといいます。指導要録と出席簿は別でしたが、日常の活動はほぼ一緒でした。障害をもつ子がクラスにいて当たり前、という意識が子どもたちにもしっかりとできており、前にいた先生たちがそういう取り組みを一生懸命にやり、それが引き継がれていたからだろうといいます。Zさんの異動先の学校にもそういう雰囲気があったのではないか。そう推測しています。

「本人が精神的に安定しました。ぼくは奥さんとも何度か会って話をしたのですが、奥さんも安心されていたようでした。異動して今年で三年経つのですが、Zさんの年賀状には「楽しく仕事をしています」と書いてあるんですね。こういうことなんだなと思いました。資質や個人の問題として見るのではなく、場を変え、関係を変え、方法を変える。これがどこまでできるかということ。Zさんは元もと仕事が大好き、子どもが大好きという人なのですが、こんなにも変わるものなのかと思いました」

赤田さんはまた課題も示しました。障害者手帳を取得していたにもかかわらず、校長にも赤田さんにも伏せていたケースです。知らなかった赤田さんは手帳を取ったほうがいいと勧めていたといい、管理職にも伝えていなかった、伝えることで自分が嫌な思いをするのではないかと思っていたようだといいます。微妙で難しい問題になりますが、同僚のみならず保護者にまで知られてしまうのではないかという危惧をもったわけですが、伏せていたことがはたして妥当だったのかどうか。身体の障害とはまた別の、軽度の発達障害や何らかの精神的失調を抱える人たちに通じる難しさです。

「おそらく一定数の方が現場にはいるけれども、自分の障害を表ざたにしないで、一人で耐えている。目立たないように振る舞い、保護者や同僚に知られないように必死で職場に適応しようとしている。ところがうまくいかない。そういう人たちへどう対応するか。これは「障害のある先生」という問題の、一つのポイントなんだろうと思いますね」

いま学校は、教員一人一人が人事評価される時代になっているけれども、どの教員にも得手不得手はある、学校の仕事というのは一人でやるものではないし、できることでもない。チームでの取り組みが重要であり、教育委員会も管理職も、教員を守る、一緒にやるということを大事にしてほしい。それが赤田さんの最大のメッセージでした。これは、「障害のある先生」の問題にもそのままあてはまるものであり、いわばユニバーサルな指摘になっている、と私には思えました。

3．合理的配慮と担任問題、法律の専門家はどう見るか

▼「人権教育の第一歩」とはなにか

本書のもととなった原稿は、教員採用試験のための情報誌『教職課程』に連載されたものです。その二〇二一年五月号に、剱持勉氏（明治大学客員教授）による「人権教育の第一歩」というインタビュー記事が掲載されており、そこに、東京都教育委員会によって示された一五項目の人権課題が紹介されています。

内訳は、女性（小）、子ども（小）、高齢者（小）、障害者（中）、同和問題（中）、アイヌの人々（高）、外国人（高）、HIV感染者・ハンセン病患者等（小）、犯罪被害者やその家族（小）、インターネットによる人権侵害（中）、北朝鮮による拉致問題（高）、災害に伴う人権問題（小）、ハラスメント（高）、性同一性障害・性的指向（中）、路上生活者（高）。以上のようになっており、（　）内は、小中高等学校のどの段階で取り上げるべきかの指針です。

おそらくは、これにとどまるものではないだろうと思います。思いつく限りで言っても、たとえば在日韓国人の問題があり、新型コロナの罹患者や医療関係者をめぐる差別や権利侵害も新たな課題として浮上しています。最近では犯罪被害者家族だけではなく、加害者の家族に対しても、権利擁護の必要性を訴えて支援活動をする方々が見られるようになっています。

今度の東京オリンピック・パラリンピックの開催間際まで、運営側にいる上層スタッフの人権感覚がいかにお粗末なものだったか、残念ながら世界に発信されてしまいました。人権感覚の不首尾が一〇年二〇年と遡って糾明・糾弾される昨今のあり方に関して、さまざまな意見があるかもしれません。はっきりしていることは、自分の〝常識〟に胡坐をかいてしまっていては、ずれが生じてしまい、しかもそのことに気づかないままになってしまう。そのため、たえず自己点検が必要である。自戒を込めて、ここまでそのようなことをくり返してきました。

ちなみに、先の剱持氏のインタビューには、次のような解説が付されています。

「人権を知ること、人権の感覚を身に付けることは教育公務員になる人にとっては大切なことです。しかし、「人権教育」をやってくださいね、と言われても、ベテランの先生でも苦手だという人がいます。それは、普段から身近にあるいろいろな問題を、人権という言葉で捉えていないからだと私は思います。（略）現場で起きていることにさまざまに人権課題があるという意識のない教員も多々見られます」

ここは本書の中でもとても大事なところなので、繰り返します。

「人権感覚」や「人権課題」は、ここ一〇年に限っても格段の変化を見せています。かつての「常識」がもはや「非常識」となっている。そのような例をときに目にします。そうしたことに気がつかないままなされる発言は、あっという間に批判にさらされてしまいます。学校現場についても、子どもたちの〝多様性〟に不寛容な在り方は、今後どんどん淘汰されていくだろうと思います。

また、「障害のある先生」とどうメンバーシップを作っていくかという課題は、おそらくこれから、人権課題の試金石となっていくはずです。私自身、これまでエラそうに人様の人権感覚を云々したり、合理的配慮が分かっていないなどと記述してきました。冷や汗ものですが、おそらく大事なことは、変化の激しい時代であるからこそ、自己点検を怠らないということだろうと思います。このことを肝に銘じながら新たに三戸さんの代理人となった、中田雅久弁護士の報告をしていきましょう。

▼この間の経緯について、中田弁護士の感想

二〇二一年二月ごろだったか、三戸さんより、今までの代理人の清水建夫弁護士が諸般事情で交代することになった、ひいては弁護士さんを紹介してもらえないか、という依頼がありました。私がお願いしたのは中田雅久弁護士でした。『教職課程』の連載に入る以前、「障害をもつ人の刑事事件」というテーマで執筆をしていたのですが、そこで中田弁護士を知り、取材させていただいたことが三戸さんに紹介するきっかけでした。

まずは一回目の取材から。

三戸さんと中田さんは、これまで何度か打ち合わせをしてきたといいます。そこで、人事委員会への審査請求からこの間の経緯について中田弁護士がどんな感想をもたれたか、その点からの質問をしました。引き受けてから日が浅く、前任の清水弁護士より引継ぎを受けたわけではなく、三戸さんからいただいた資料に目を通した限りでの話になるが、と断りを入れてから話し始めました。感想ははっきりとしていました。

「私がお受けしたのは、三戸さんがこれから学級担任をやるために必要な合理的配慮はどんなものか、ということを確認していきましょうということなのですが、その検討に向け

ての実質的な協議にさえ入っていない、という印象を受けました。東京と秋田で場所が遠いということもあるのかもしれませんが、教育委員会や校長先生と顔を合わせ、当事者である三戸さんがどういう配慮を必要としているのかということを伝え、まずは、きちんと受け止めていただく。

そのうえで、三戸さんの言い分に対して、教育委員会や校長先生にとっては、ここは要求が過剰なのでできないとか、こういうやり方だったらできるのではないかという建設的な話ができるようなかたちに向けていく。それが大事だと私には思われるのですが、そこが伺われない点が残念だなということが、第一印象として私が感じたことでした」

ではどうすれば話し合いが始められるでしょうか。

「ご本人はどういうところが苦手なのか、その点を具体的に伝える。教育委員会や校長先生サイドとしては、ここが学級担任を任せるにあたってハードルになっているというところがもしあるのなら、その点を曖昧にせずに三戸さんに伝える。そこがなされていないために、検討しなければならないターゲットが曖昧になっていると感じます。その点は、最初にはっきりさせないといけないところです」

担任を妨げる理由として、これまでいくつか出ていたなかに、地域の保護者の不安という問題がありました。

「地域の人たちの心配の声が単なる差別や偏見であれば、それはいったい誰がどうやって拾い上げた声なのかという点は、校長先生や教育委員会にきちんとお聞きしたいと思います。それから単に差別というものではなく、それなりに何か内容のあるものなのかどうか。あるならばどういうものか。そのあたりのことを、まずはっきりとさせていく必要があると思います」

もう一つは、災害時対応の問題がありました。これまで船後靖彦議員や、私の知人の考えを紹介しましたが、やはり中田弁護士も同様の答えでした。

「ここは逆に、生徒さんのなかに肢体不自由の方や障害のある方がいらっしゃるということは、地域の学校としては十分にありうることです。そういう生徒さんを避難させるとき、どういう措置がされているのか、それは三戸先生には使えないものなのか。

あるいは避難誘導の責任を担任の先生一人に押し付けることが、危機管理のあり方や災害対応のあり方として妥当なのか。そういうところからも検討していく必要があると思いますね。障害があって思うにまかせないところは残ると思いますが、役割を他の先生たちと分散のさせるやり方はあるはずですし、そう考えると、たんに口実に使われているだけじゃないかと思ったりしますね」

▼「総合的な判断」という校長裁量

次に、校長の「総合的な判断」という言い方でなされる裁量権について、中田弁護士がどんな印象をもたれたか尋ねてみました。

「校長先生の裁量に幅がある、という点は否定できないわけです。学校運営にあたって、校長先生がさまざまな観点から考える部分がある。その点は理解します。けれども、そのことですべてがブラックボックスになっても許されるわけではないと思うのです。裁量には限界がありますよというところと、裁量を適切に行使してもらわないと困りますよというところですね。この二つの問題があると思います」

三戸さんの担任問題についてどう考えているかと尋ねると、まだ十分な検討が足りていないところなのだが、と断ってから、次のように話し始めました。

「まず、とても素朴に次のような疑問を持ちました。二〇年間ですか。担任を一度も任されていないという理由が、障害以外に何かありうるのか。障害のない先生と比較したとき、やはり同じように、二〇年間、担任を任されていないというケースがあるのかどうか。あるいは、他の「障害のある先生」にも全国でそういう例はあるのか。こういう例があるから、三戸さんの場合も校長裁量の幅なんだといえるのか。こうした疑問をもったのですが、これらの点は、今後調べていきたいと考えています」

さらに中田弁護士は「校長裁量という言葉を、それ以上の説明を拒む言い訳に使っているだけではないのか」と厳しく指摘します。

「実際は、障害に対する差別があるのではないか。積極的な差別ではなくても、合理的配慮の提供を拒んだ結果なのではないか。たしかに校長先生に裁量はあるわけですが、その裁量の使い方が適法かどうか、また、適切かどうかは問われます。説明を拒むための言い訳ではなく、どういう基準で、どういう考慮要素で考えているのか。それは三戸さん以外の先生にも平等に適応されていて、比較検討の上で、たまたま長い期間にわたって、三戸さんは適切ではないと判断されてきた、本当にそういう話になっているのですか、ということですね」

中田弁護士は穏やかに淡々と話していくのですが、私は伺いながら、弁護士さんならではの説得力を感じていました。

さらに次のことを尋ねました。三戸さんに使われてきた「校長裁量」は限度を超えたものである、という判断をする場合、その根拠をどう考えることができるか。ある法律に照らし、この部分は法律に適していないという判断になるのか。法律を適用する以前に、これまでの参考事例を検討し、経験的な判断からするとこう考えることになるという、そういう判断の仕方になるのか。中田弁護士は次のように答えました。

「それは両方だと思います。これまでなされてきた裁量権の行使が、例えば権利条約に反したものではないのか、憲法が定める平等原則に反するのではないか。そういう問題の立て方はもちろんありうると思います。一方、平等という観点になると、他の方との比較という問題は出てきます。

いま細かい法律の話ができるほど、まだ詳しい検討は終わっていませんが、校長裁量を行使するにあたっては、障害のある方には合理的配慮を行使する必要があるでしょう、ということになると、必ずしも他の人との比較だけではないですね。教職員の定数を定めている規則等があると思うのですが、生徒何人当たり教員が何人で、それに対して加配するにはこういう場合がありますが、それにちゃんとのっとっていますか、という話は当然、必要だと思います」

さらに、校長は教育の専門家であり、教育の専門家が裁量権を行使するにあたって、次の点も適切に見積もっていく必要があるのではないか、と以下のことを述べました。

「生徒さんと教員が交流することで、教員も成長する機会になると思います。生徒さんも、うちの先生はこういうところが苦手でできないことがあるから、誰かが手伝うとか配慮する必要があるじゃないか。そう考えると思うのですね。それは先生に限ったわけではなく、得意なことと不得意なことは誰にでもある。人間にはいろいろな個性があり、不得意なことがあれば周りがサポートする。そのことによって社会で活躍できる場が広がる。それが結果として、社会全体が「つよい社会」や「豊かな社会」になっていく。生徒さんには、そういう気づきが生まれると思うのです。だから校長先生が裁量を行使するにあたっては、障害のある先生と生活したり勉強をすることが生徒たちにどういう教育的効果を生み出すか、そこは教育の専門家として、適切な評価がなされるべきだと思いますね」

「障害のある先生がもたらす教育的効果」については文科省の指針でも説かれ、三戸さんも再三強調していました。同じことを中田弁護士は述べたのですが、同じことでありながら、少しだけ新しいニュアンスが加わっているように感じられました。それがどれほどの教育的効果を生むか、教育の専門家として、校長は適切に判断を下す必要がある。言い換えれば、校長裁量という名のもとで示される見解には、教育的効果の有無についての適切な判断が求められる。中田弁護士がどこまで意図されていたかどうかは不明ですが、そのようなことが含意されているように私には思えたのです。

▼中田弁護士が感じるいくつかの危惧

中田弁護士の話は、さらに詳細な点に触れていきました。私が初めて聞く内容も含まれていました。清水弁護士と三戸さんがやり取りしていた書面のなかで、読んでも分からない用語や内容があったといいます。中田弁護士は三戸さんに尋ねました。

「担任問題に関しては、学校のほうでは家庭訪問が問題なのだといっていた時期もあったようなのです。家庭訪問は普段どんなふうにやっているのか、そういうことを具体的にお聞きしました。それから他の先生との調整という中で出てきたTT指導について、それはどういうものですかと質問をしました」

たしかに自転車を使えない三戸さんが、かりに三〇名ほどの受け持ちの家庭を回ることは物理的に厳しいでしょう。しかしそのことが、担任希望を退けるほどの重要な理由となるかどうか。家庭訪問は義務ではありません（私は消極的〝取りやめ派〟でした。つまり教員の多数が取りやめの意志を示し、校長がそれに合意すれば、家庭訪問は止めることもできるのです)。そしてもう一つ驚いたのが、部活の顧問についての話でした。

「それから、これは法的にはリンクしないのですが、学級担任と部活の顧問の問題です。担任になってもらうためには、部活の顧問もやってもらわないといけないという話も出てきているそうなのです。そんなことは義務として課されるはずはないのですが、実際に部活の顧問はどんな感じでやられているかとか、少し詳しくお聞きしました。後は職員会議ではどういう話し合いがされているかとか、地域の人の声は教員には開示されていますかとか、そういう実情を私のほうから質問させてもらいました」

土日休日を返上しなければならない部活の顧問が、特に敬遠されがちだということは以前から耳にしていました。たしかに校長にとっては、人事の際の、頭の痛いことの一つでしょう。しかしそれを担任希望の交換条件のように出すというのは、すぐには信じられない話です。中田弁護士によれば、しかもそうした話の多くが口頭で言われただけだとも言います。私はあまり素直な性格ではありませんから、家庭訪問の件といい部活の件といい、〝難癖〟のようなものではないかと、つい勘ぐってしまいます。しかもこうしたことを、三戸さんは機会あるごとに聞かされてきたのではないか、などとも推測してしまいます。

中田弁護士の次の指摘に、私は強く同意します。

「教育委員会や校長さんと話し合いをしたのであれば、その都度それを文書にして残す。公文書としては残せないにしても議事録のような形にし、今回こういう話し合いがあった、次回に向けた課題はこれである。そういう段取りができるといいと思っています」

我ながら疑り深い性格だと思いつつ、中田弁護士にさらに次のような質問をしてみました。確信犯的に、合理的配慮の提供をスルーしてきたということは考えられないか。誰かがやらなくてはならないことだとは分かっているが、そのことよりも、自分が管理職である間は歴代校長がとってきた方針を変えたくない、変えないまま任期を終えたい、そう考えているフシがあるような気がするのだが。そんなことを伝えてみました。すると中田弁護士の答えは、次のようなものでした。

「最悪、分かっていながらまったく対応しないということであれば、損害賠償を求めるという方向で闘う可能性がなくはないとは思います。ただ、それはあまり建設的な話ではないですし、三戸さんも望まないだろうと思うのですね。三戸さんの気持ちとしては、はやく学級担任をもって、担任として生徒と触れ合って能力を延ばす機会としたい。そういう気持ちからすると銭金の問題ではないと思いますし、無駄に事を荒立てるのはよくないと思っています。建設的な対話を積み重ねていくことで、目的が達成されるのが一番だろうと思います」

労働条件の改善をめぐるほかの権利問題と異なり、合理的配慮の提供の難しい点は、おそらくはこのあたりにあるのではないかと感じます。はっきりとした線引きが難しく、いまのところ、双方の話し合いによってその内容を定めるとされている点にかかわります。

たとえば私は、家庭訪問の問題や部活の顧問の問題は、学級担任希望にとっての副次的な問題に過ぎない、はっきり言えば、そんなことは理由にはならないと考えています。しかし管理者にとっては、負担を軽減したいために担任を外している、これは三戸さんに対する合理的配慮である、というロジックもありうるわけです。そして双方が自分たちの言い分を主張するだけでは、距離はますます遠のいてしまうことになります。

「こちらが配慮として求めていることが、向こうの言い分とはずれていて、その結果、合理的な配慮の提供を訴えれば訴えるほど、腫れ物に触るような扱いになってしまうことも考えられるわけです。それはそれで、逆に差別的な色を帯びると思うのです。それが危惧されることの一つです。

もう一つは、三戸さんの望みとしては、担任という機会をつかんで自分の能力を発展させていきたい、苦労をしたいという気持ちがあるのだろうと思うのです。ところが、障害のある教員に加配され、今度はその加配された障害のない先生が中心になって担任の仕事をやってしまい、加配がついたことが、逆に障害のある先生の活躍の場を奪ってしまうということも起こりうるわけです。

形の上では担任にして、差別はしていませんよという形にしているけれども、実際は、三戸さんの望むこととずれてしまう。差別だといわれたくないから担任にしたけど、お飾りにして祭り上げられているだけで、実際は障害のない先生がやってしまう。それはよくないと思うし、難しい点だと思います」

さらに三つ目として、次のような危惧を中田弁護士は挙げました。

「障害のあるなしにかかわらず、みんな最初は失敗するわけです。ところが、障害があるということで、失敗ばかりがクローズアップされる。障害があるから失敗したんだと、障害と失敗を簡単に結び付けられてしまう。そういうことも、心配としてはあります」

▼障害者雇用についてどう見ているか

観点を変え、障害者雇用全般について、中田弁護士がどのように受け止めているか尋ねてみました。

「私が受けているケースで大きい訴訟になっているものはありませんが、日々の相談のなかで感じることは、たとえば、障害があってできないことに対してパワハラのような指導が入ってしまい、解雇されたり、仕事がつづけられなくなる。そういう話はよく聞きます。その時、解雇の無効を求めて闘いたいという方は多くはなくて、本人が自発的に退職届を書いているのです。それで生活が成り立たなくなってしまったので、次の生活が心配ですとか、借り入れがかさんでしまいましたとか、そういう話です。だけど、これから会社と闘うつもりはないというのですが、心が折られてしまっていて、闘う元気もないという方が多いと思います」

自分には障害があるから仕方がないのだと、そんなあきらめた受け取り方になっている、とも言います。

「本来であれば、もう少しエンパワメント〔自分の人生を再構築するような賦活力をつけること〕ができればいいのですが、なかなかうまくできないことが結構あります。世の中全体が成果主義の傾向を強めていて、仕方がない面があるとは思うのですが、障害があって配慮が必要ですというとき、戦力としては低く見られてしまうのです」

その場合、弁護士としてはどんな助言になるのか、と尋ねてみました。

「エンパワメントは必要としても、本人が求めていないことを、弁護士が無理やり尻を叩くのは違うと思っているのですね。最悪借入れなんかは破産で免れることができますし、収入を得るのが難しければ、最終的には生活保護が利用できます。成果主義の世の中に合わせようとし、自分の価値を否定する必要はないということは、お伝えしたいと思っています。

あまりがんばれ、がんばれといわれ、うつ気味の人がリワーク〔再就職〕に失敗して、うつを増悪させてしまうということは、よく耳にしますから、その点は気を付けています。昔と比較してどうか、ということは分かりませんが、ぼくらが出会う人は働く場で、あるいは学校で、家庭で、自己肯定感を低下させた状態で、法的なトラブルを抱えてしまうという方が一般的には多いですね」

障害者雇用という場でパワハラが問題になる、しかし訴えたいというわけではないという。そこまで心が折られてしまっているという話でしたが、留意すべき点はどんなところか。そんなことを私は尋ねました。

「相談に来られた方については、私は本人の一方的な話しか聞いていないわけですね。じつは、本人が被害的になっているだけで、客観的に見ると、なかには社員としてはどうかという例もあると思うのです。だから、そこは相手の主張も聞いてみないと分からない、と弁護士としては思っています。

三戸さんの問題にしても、向こうと腹を割って話すことができれば、じつはこういうところが校長先生としても困っている、同僚の先生も、こういうところは厳しいんですという話がひょっとしたらあるかもしれないとは思っています。逆に、誤解がもとで三戸さんに対する良くない評価があるのであれば、そこは正していきたいなと思いますね」

▼今後の展望と課題について

最後に、これからの展望や、具体的にどんな展開にしていこうかという点について尋ねました。

「お引き受けしたばかりのことであり、教育委員会なり校長先生なりに、新しく受任した代理人ですという書面を出そうと思っています。そのことは三戸さんに提示しているのですが、他でいっしょに取り組まれている方と足並みをそろえたいということで、いまペンディングになっています」

三戸さんはいま、いくつかの目論見をもって活動しているといいます。

「障害のある人の働きやすい環境整備のために、条例策定の場に障害者を参画させてくださいという要求が一つ。職場の合理的配慮について、ワンストップの相談窓口を設けてほしいということ。通勤の交通費について、荷重負担の軽減を考えてくださいということ。こうした要求を地元の有志の人たちと取りまとめ、六月の県議会が終わった時点で、七月五日以降、なるべく早い段階で県知事に渡したい。その答えを待ったうえでこちらの書面を出したい。そういう意向のようです」

中田弁護士が用意している書面の内容は次のようなものだった。

「以前の代理人の方を私が引き継ぎます。三戸さんが普通学級で担任をするために必要な、合理的配慮を提供してほしい。そのための対話をしたい。それは法律上の義務です。合理的配慮は、対話を通じてニーズをくみ取って決めていくものです。そこで本人からの事情の聞き取りをふくめて、早急にこうしたことを話し合いたい。こちらから出向きますので話し合いの場を設けてほしい。そういう内容ですね」

第5章
公教育の変化と、障害のある先生の雇用と活躍
——なにが「障害のある教員」に対する見えない「壁」をつくっているのか

1．学校長の「総合的判断」とは何か

▼全国的に広がりつつある三戸学さんの「担任問題」

二〇二一年三月、またしても三戸学さんの担任希望はかないませんでした。その経緯や心境、三戸さんをめぐる現在の状況、この年どう取り組んでいくかなど、二〇二一年四月早々、久し振りにZｏｏｍでの取材をさせてもらいました。

最初に話題になったのが、三月九日に掲載された、朝日新聞の一つの記事でした。見出しは「障害のある教員に学級担任の壁　勤続二〇年の中学校教諭」となっています。三戸

さんについて取り上げたものですが、秋田総局の記者の手になり、当初は、「障害のある三戸先生の勤続20年を祝う」ことを、目的としたものだったといいます。管理職もそういう趣旨ならと校内での取材を許可し、三戸さんの授業も見学しています。

ところが、取材が進むにつれて記者の意識が変わっていきます。二〇年の勤続を経ても学級担任を一度も経験していない、という事実を知らされると、そこに「見えない壁がある」と感じ、記事の趣旨を方向転換していきます。その点を管理職に伝えたところ、学校名を伏せることを条件に、記事の掲載を許可されたといいます。

三戸さんが、どんな理由で担任となることを阻まれてきたか、繰り返し触れてきたように、緊急時の避難対応に問題を感じていること。保護者をはじめとする地域の人びとから不安の声が上がるのではないか、という危惧。この二点について、県教委の職員、県内の障害のある教員、大学教授など数名の取材談話を交えながらの記述が、記事の大まかな流れとなっています。

これが三戸さんへの取材冒頭の話題でした。紹介は事実経過にとどめ、以下は私の感想、あるいは推測になります。まず、二〇年間希望を出し続けていながら、それを拒まれてきたことに対し、若い記者が素朴な直感として、「それはおかしい」と感じたこと。そして、その理由を知りたいと考えたこと。それが記事全体の原動力となっています。

ここから推測されることは、多くの人が同じように、「通常ならば、あり得ないことではないか。納得できる理由を知りたい」と考える、そう言えるだろうと思います。もう一つは、記事の掲載にあたって学校名を伏せることを条件としたということは、管理職も「進んで公にすべき事実ではない」と考えている、校名を明かせば、読者が記者と同じような疑問をもち、なぜかという問いの前に立たされることになる、校内人事をめぐる学校現場独特のメカニズムがあり、それを説得力をもったものとして伝えることは難しい。そのように感じていることを明かしている。私はそう受け取りました。

さらに屋上屋を架しますが、もし「これまで二〇年間担任希望がかなわなかったが、私の決断で、担任を任せることにした」という見解の表明であれば、学校名を伏せた記事にはならなかったのではないでしょうか。なぜそうした決断に至ったか、堂々とその理由を述べ、先進的な判断を示した好事例として流布していっただろうと思います。ところが残念ながらそうはならなかった。

なぜでしょうか。「校内人事は校長の裁量のもとにある」という慣例が破られ、一教員の希望に屈した、他の教員に対して悪しき前例をつくった。学校管理者としての指導力に疑問符がつく、そのように評価されることになってしまう。それは避けたい。その判断を今回も優先させたのではないかというのが、私が新聞記事から抱いた推測と感想です。

さらに三月一六日、参議院の文教科学委員会で、れいわ新選組の舩後靖彦議員が質問に立ち、そのなかで名前は出していませんが、三戸さんの担任問題についても意見を述べ、萩生田文科大臣に質問しています。このように、事態は三戸さん個人にとどまるものではなく、また一地域でのローカルな問題に限られたものでもなくなっています。「障害のある教員」の働き方をめぐる課題を教育委員会や学校管理者がどう受け止め、どう対応するか、全国的な広がりのなかで関心をもたれています。〝教育県秋田〟がモデルケースとして発信する絶好の機会を、またしても逃してしまった。返す返すも残念なことだったと、私は心から感じています。

▼担任発表の経緯と「校長裁量」をめぐる現状

くり返しになりますが、担任決定までの経緯を簡単に書いておきます。

異動の有無についてはまず内示があり、三月一八日に伝えられます。異動がない教員はそこで、次年度の担任希望や校務分掌の希望を校長に口頭や書面で伝えます。三戸さんは学級担任をもちたいこと、数学担当者として一年二年と持ち上がってきたので、三年へ持ち上がりを希望していることを伝えます。「校内のバランスを考えて総合的に判断するので、そこは理解してほしい」というのが、そのときの校長の回答だったといいます。

前後して朝日新聞の記事と、船後靖彦議員の参議院文教科学委員会での質疑応答の速記録を校長に手渡し、国はどう考えているか、全国的な趨勢がどうなっているかについての理解を求めたともいいます（このときの校長の答えが私には不可解なものでしたが、その具体的な記述は控えます）。

三月二五日、校長より、来年度の校務分掌は一年生の副担任とメディア主任をやってもらいたいと伝えられます。「学級担任については、総合的な判断から外れてもらうことにした、三戸さんの希望をかなえることはできない」、ということだったといいます。当然ながら三戸さんは、「総合的な判断」というのは具体的にどういうことかと尋ねます。すると校長は、「学校全体のバランスを考えての判断である、障害を理由に担任を外したわけではない、三戸さんは学級担任ができるとは思うが、適材適所を優先しての判断であり、その点は理解してほしい」。一方的にそう話すだけで、決定事項であってもはや議論の余地はなかった、ただ聞いているだけだった、と三戸さんはその時の印象を語りました。

三戸さんの学校に、三戸さん以外にも副担任はいるのかと尋ねたところ、臨時講師が一人いて彼も担任はしていないが、正規教員では三戸さんだけだということでした。加配教員の問題もありました。三戸さんはある県議会議員から、秋田県内に障害があって支援が必要な教員が二名おり、その二名に対しては〝支援を主な目的とする〟教員を加配している、県教育委員会からそうした回答を得ている、という情報を伝えられていました。

その点についても尋ねたと三戸さんはいい、校長は明確な回答を避けたといいます。では通勤その他、三戸さんの支援は誰がするのか。「教頭がやったほうが全体的なバランスはいいだろう。かりに支援講師に依頼するとしても、頼みたいときに頼めない可能性がある、いつでも対応できるのは教頭であり、教頭にやってもらいたいと考えている」というのが校長の答えでした。

加配の教員に、本来の目的に沿った「障害教員の支援」という業務を担ってもらうか、学級担任などそれ以外の担当を任せるか、あくまでも管理職の「裁量」になります。法的な規制や明文化されたルールがないために、校長の判断に任されているのが現状です。こうした現状を法によって示していったほうがいいのか、明示するならばどうするか、この点は今後の課題です。何度も報告していることなので繰り返しませんが、三戸さんの校内での状況は一つも進展していません。前年の通りです。こうした諸々の説明を受け、さすがに三戸さんは落ち込んだといいます。

「総合的判断だからと繰り返すのですが、具体的な中身が一つもありません。何をめざせばいいのか、まったく分かりません。具体的に言ってくれれば、どこをどうすればいいか、私にも対応のしようがあります。それがなければ、何をどう乗り越えていけばいいのか、まるで見えない状態のままです。二〇年間、毎年こんなやり取りをしてきました。この先二〇年、教師生活が続くわけですが、これからもこんな形で続いていくのかと考えると不安しかありません」

不合理な状況のなか、目標が示されないまま努力することだけを求められる。これはかなり過酷な状況です。はっきりとした目標があり、それが正当で、努力する甲斐があると感じればこそ、厳しい状況に置かれても前に進もうとすることができます。

「四月になって、またがんばろうという気持ちでがんばっていくんだけれども、そのがんばりが正当に評価されない。なぜ学級担任をやりたいか。他の教員があたりまえにやっていることだからです。大学を出たばかりの新採の、若い教員もやっています。誰もがやっていることを自分もやりたいと考える、でもそれができない。なぜできないのか、納得できる説明もない。毎年毎年、なんだろうという気持ちに苛まれます。そうやって二〇年が過ぎてきました」

もし、本当は「障害がある」ことがネックになっているると受け取られているならば、それは違う、むしろ逆である、三戸さんは熱を帯びた声でそう言いました。障害があるからこそできることがある、これまでにはない教育の在り方を提示できる。それは三戸さんの持論であり、強い信念です。

「子どもを育てるということは、その人の人間性によるのであって、障害のあるなしにはかかわらない。ぼくは子どもたちの成長を見取ることによって、ぼく自身の成長も伝えていきたい。障害があっても、どんな仕事ができるのか、ということを伝えていきたい」

2．広がる支援の環

▼障害をめぐる「壁」はどこにあるか

ちなみに舩後靖彦議員は、三戸さんが学級担任の希望を阻まれている理由とされた「緊急時の避難への不安」「地域に与える不安」について、先の会議で次のように述べていました。

一つ目については、中学生であれば、的確な指示さえ出せれば自分で自分の身を守ることができる、そのための避難訓練である、防災マニュアルの策定が具体的に検討されていないなかで、生徒を守るのが困難だから担任ができないというのは障害者差別に当たるのではないか。

二つ目についても、個別の具体的な対応を検討することもなく、保護者や地域から不安が上がる可能性という未確認の懸念を理由にすることは、これもやはり不適切な対応である。明快にそう述べています。尤も至極というほかありません。

これを機会に、教員を定年まで務めあげ、県教委勤務や校長も経験した私の友人、元同僚や上司にも感想を尋ねてみました。二〇年間、担任を経験できていないこと。その理由を「総合的判断」としか説明されていないこと。本人が受け持っている数学のクラスは秋田県の平均よりも高得点であること。卓球部という部活の指導にあっても、地区において団体戦初優勝という実績を持っていることなどを伝えました。

危惧する理由として挙げられた先の二点についてどう考えるか、学校長の「総合的な判断」とは何なのか。もし自身の学校に車いすの教員がいた場合、どう判断するか。こうしたことを質問事項として伝えたのでした。

かつて上司であったAさん（私が心から信頼を寄せていた数少ない管理職の一人だった大先輩です）。まずいきなり、「校長の総合的判断？　なんだそれは」と一笑に付されました。「政治家じゃないんだから、そんな責任逃れのようなことをいってはいけないでしょう。校長ならば、きちんと納得できるように説明すべきです。それができないまま、しないまま、担任をさせないというのは大いに疑問です」。

教科、部活について伝えると、「それは優秀な先生ですね。そんな優秀な先生だったらなおさらのことです。子どもへの対応がひどい、言葉使いが恫喝的だとか体罰があるとか、保護者への対応に問題があるとか、はっきりとした理由があれば理解できるが、そうでない限りありえないことです。少なくとも私の場合は問題にはなりません」。避難訓練について伝えると、やはりこちらも「そんなことは学校のなかで協力体制を作っていけばいいことです」と、すべての問いに対して明解でした。

私と同世代で、早くから県の教育委員会に引っ張られた実力者で、校内でも一貫して指導的な立場にあったBさん。「車いすだからということは特段の理由にはならない。採用試験を通り、教員としての勤務実績もあるのだから、担任させることに大きな問題があるという判断がない限りは、通常の教員と同等に考える。希望がすべて叶うということではないにしても（たとえば、本人は担任を希望しているが、進路指導をしてほしいとか、全国規模の公開研究会があるので研究主任に専念してほしい等々）、原則同等。これで問題はないと思います」。

緊急時対応の不安については「そのことを含めてどういう計画が良いか、事前に考えておくべきこと。子どもの場合でも、緊急時非難に不安があるとすればそれに応じた対応を考えるように、車いす教員の緊急時対応を事前に考えておくのは、当然なすべきこと。地域の保護者へは、管理職が率先して前に出て、不安がないことを伝えていく。管理職ならばそういう気概を持ってほしい。一般の教員にあってもケガをして、しばらく車いす生活を余儀なくされることはありうるのだから、具体的に何が足りないのか、納得できる説明をすべきであるし、それができないというのはおかしい」

語ってくれたことそのままです。脚色はありません。公平を期すために、二人とも特別支援学校の校長経験者ということを加えておきます。もちろん特別支援学校だから、一般の小中学校だから、といったことは問題にはならないでしょう。もう一人のCさん。彼は秋田県内の事情に通じているので、少しばかり含みのあることを述べていました。

「総合的判断というのは、校長としてはオーソドックスないい方ではあるが、自分の場合であれば、先輩がたの担任配置を見てきて、若い人から順番に配置していくという考え方を基本にしていた。ベテランの先生を一組にしたら、若い先生は隣の二組にするとか、教科の指導ではそのクラスにベテランの先生に多く入ってもらうとか、そういう配慮はしていたが、まず若い教師から。若い先生を育てていくというのは、校長の大きな仕事だから。総合的判断とは何かと聞かれたら、そういう答えになる」

総合的判断というと、一見客観的・中立的な言い方ではあるのですが、一律ではない、個人差があるというニュアンスを含んでいました。車いすという問題については次のように述べました。

「他県のことは分からないが、秋田では、自分が率先して何か新しいことをするよりも、先輩校長が続けてきた考え方や、やり方を大事にする、そういう傾向はあるかもしれない。二〇年間、先輩が続けてきたことを、自分がいきなり変えてしまうのは難しい、そう考えるのは、分からないわけではない」

そう留保しつつも、自分の場合だったらどうかという質問には、次のような答えでした。

「車いすという問題は、判断を躊躇させる理由としては、まったくないとはいえないかもしれないが、もし三戸さんを大事にしよう、育てていこうと考えるのであれば、担任になってもらって頑張ってもらうという選択をするだろうと思う。

子どもへの影響力、教科の指導力、それを発揮してもらえるような体制を作る。加配教員には支援に回ってもらう。そういう判断をすると思う。採用試験を通っているのだし、ちゃんとこれまでの実績もあるのだから」

先の新聞記事では「壁」という言葉を使っていましたが、「壁」は外にあるのではなく、自分の中にあるのではないか。聞きながら、私はそんなことを感じました。自分の中とは、つまり慣例や慣習、常識とされてきた旧来からの考え方のことです。

校長経験者である私の友人・知人の「障害のある教員」の担任問題と、校長の「総合的な判断」についての見解を紹介したところ、三戸さんの感想は次のようなものでした。

「校長や教育委員会を経験された方が「総合的判断」に疑問を持っていることを知り、希望を持ちました。また秋田県の内部も一枚岩ではないことが分かりました。三人の方のコメントが特別なものではなく、一般的な見解であることを信じたい気持ちです。だからこそ、自分が担任希望を訴え続けることには意味があるわけですから。

オセロゲームに例えると、私が黒で周りがすべて白だとひっくり返すことはできません。でも、私と同じ黒のコマをもつ人が点在し、有機的な環になってつながるようになれば、少しずつ盤面を黒に変えていくことができます。そういう希望と手ごたえをもちました」

三戸さんはまた、次のようなことも話しました。

「あまり担任担任と騒ぐことは、自分のためにはよくないことかもしれません。短いスパンでの異動につながっていくかもしれないし、今年は三年目でまた異動の問題が出てきます。担任希望の話はストップしてしまい、また一からのやり直しになりますから」

そんな危惧をもっていたのでした。しかし、それでも自分としては言い続けていきたい、障害のある教員にはこんな課題があるということを多くの人に知ってもらいたい。そう言います。そして強調していたのが、自分は自分の希望を言い続けているだけで、決して教育委員会や校長を敵に回したいのではないということでした。

当たり前のことを当たり前だと述べることが、周囲の人間には反抗や反発、敵対と受け取られてしまう。「壁」というならば、これこそが障害をもつ人たちにとっての大きな「壁」なのかもしれません。いや、障害をもつ人に限らず、日本社会が持つ根の深い問題なのかもしれません。三戸さんの担任問題は、そんなことも照らし出しているようです。

▼三戸学さんを応援する環の広がり

応援は確実に広がっているようです。朝日新聞の記事が掲載された後、個人からの連携の申し出、教育関係のＮＰＯ法人からの支援を申し出る声などがあり、定期的な情報交換が始まっているといいます。担任問題を巡って世論をどう味方につけていくか、どう発信していくか、話し合っているとのことでした。

あるとき「隠れたカリキュラム」の話題になったといいます。私も初めて知りましたが、文科省のホームページには次のように書かれています。

「人権教育に関わる知的理解を推進するためには、学校の教育課程を体系的に整備することが必要である。他方、人権感覚の育成には、そうしたカリキュラムの整備と共に、いわゆる「隠れたカリキュラム」（「隠れたカリキュラム」とは、「教育する側が意図する、しないにかかわらず、学校生活を営むなかで、児童生徒自らが学びとっていく全ての事柄」を指す。学校・学級の「隠れたカリキュラム」を構成するのは、それらの場の在り方であり、雰囲気といったものである）が重要である」

三戸さんは今後、自分の存在を「隠れたカリキュラム」という観点から考えていきたいと言います。

またテレビも関心を持ち始めました。五月二六日にNHKの「ニュースシブ5時」で「障害のある教師の活躍を　教育現場の支援課題は」という番組が放映され、三戸さんも出演しています。冒頭、二〇一八年にＮＨＫ秋田が報じた前任校の様子の映像が流れたといい、その時に秋田放送局にいたディレクターが、今回声をかけてくれたということでした。出会いは二〇年以上前の学生の時。このディレクターに、「障害があるからこそ教員になりたい」という夢を伝えており、それがきっかけだったということでした。

3. 文科省と県教委の見解のズレ

▼秋田県教育委員会の「回答書」から

これ以降、三戸さんの「担任問題」について、少し〝理屈〟で迫ってみたいと思います。ロジカルに追い詰めていったときに、どんなことが言えるか。そんな試みです。

手元に次のような資料があります。前の顧問弁護士だった清水建夫氏が、秋田県教育委員会の義務教育課にあてた、担任決定についての合理的配慮を求める文書に対する回答です。読みにくいのですが、引用します。日付は「平成31年1月4日」。〔 〕は私の捕捉。

「学級担任の決定につきましては、校長の校務分掌権に属するものであり、校長が個々の教員の能力、適性、特性、協調性等を総合的に考慮して、校長の裁量的判断により命課していると考えます。

また、市町村教育委員会は、地教行法〔地方教育行政法〕43条第1項により学校管理について包括的、最終的な権限を有しており、一般的な指揮監督だけではなく具体的な指揮監督ができることから、校長であっても市町村教育委員会の助言を得ながら学校運営に当たるとともに指揮監督に服さなければなりません。

県教育委員会としては、県費負担教職員の任命権者という立場にあるものの、市町村立学校における学級担任を含む校務分掌の決定に関わることは、それが法令等に明白に違背しているものでない限り適切ではないと考えます」

この後にもう一つの段落があるのですが、こちらはのちほど引きます。お分かりのように、引用では三つのことが言われています。

1. 担任決定は「総合的な考慮による校長の判断」であり、その内容は「能力、適性、特性、協調性」であること。
2. しかしながら、校長は市町村教育委員会の指揮監督に服さなければならないこと。
3. 県教委は、その判断が法令等の明白な違背でない限りは関与しないこと。

文句のない正論といってよいと思います。ちょっとした半畳を入れさせてもらえば、校長の総合的判断の内容に「協調性」が入っていることが、なかなかの曲者です。私事になりますが、三〇年ほど前の現場時代のこと。

会議の際の校長見解に対して反対意見が続出し、事態が紛糾することがありました。そんなとき、私は自分の主張を率先して押し通すよりも、他の教員の意見を拾いながら、反対意見にはこういう共通点があるから、そこはできるだけ尊重してもらえないかと述べる、いわゆる「調整型」だと自分では思ってきました。この「調整型」の評価が、時々の校長によって二分するのです。

あくまでも自分の見解を貫きたい校長は、そういう調整的な意見さえ自分に敵対するものであり、それを述べる佐藤は協調性を欠く教員であるという評価になります（飲み会の席で、「もう少し協調性を身につけることが、あなたのこれからの課題だな」と実際に言われたことがありました）。

また、ある程度妥協しつつも、なんとか取りまとめたいと考える校長にとっては、その意見は「よし」という判断になります。そこからは協調性を欠くという評価は出てこない、むしろ逆です。「能力、適性、特性」も評価する人間（校長）によって変わるものですが、「協調性」がどう評価されるか、これはなかなか面倒な問題だなと考えていたことを思い起こしました。繰り返しますが、あくまでも私自身の体験であり、そこからの見解です。

話題を戻します。引用には論点が三つあると指摘しました。三戸さんの校長は（おそらくは歴代の校長も）、この教育委員会の回答（それに類した見解）を判断の根拠にしてきたのだろうと思います。そしてこの「回答」は正論です。誤りだと指摘できる点はどこにもありません。この「正論」によって三戸さんは二一年間、担任希望を退けられてきたわけです。

ここから二つの問いが立ち上がります。校長や教育委員会の見解は「正論」なのだから、これについていくら間違っていると指摘しても〝水掛け論〟になるだけです。言い換えれば、その反論は実効性を持つことはできない、ということを意味します。また「市町村教委と校長との間でどういう話し合いがなされたのか」「能力、適性、特性、協調性をどう評価したのか」と尋ねても、その点に関する情報公開の義務はないわけですから、答えを得ることはできない。ということは、反論の仕方を工夫しなくてはならないわけですが、では、どんな反論の仕方があるのか。この問いが一つです。

もう一つの問いはここから派生します。三戸さんが二一年間担任希望を実現できずにいることに対し、多くの人が疑問を持ち始めています。根拠ある「正論」を元になされたはずの教育委員会の判断が、少しずつ疑いをもたれ始めているわけです。そして、だんだんと多くの人によって共有されるようになっている。この「疑い」には根拠があるのか。あるならば、それはどういうものか。これが二つ目の問いです。

▼文科大臣の「答弁」

先ほど、舩後靖彦参議院議員による文教科学委員会での質疑を紹介しました。名前は出していませんが、「障害のある教員がぶつかる壁」という言葉を用いて三戸さんと思しきケースを取り上げ、担任問題についての見解を萩生田光一文科大臣に尋ねています。議事録の引用は差し支えない、という解答を舩後議員の事務所よりいただいたので次に引用します。

「一般論として申し上げれば、担任を含めた学校における校務分掌は各学校長の権限と責任においてなされるものですが、合理的配慮は個別の事案ごとに具体的場面や状況に応じた検討を行うことが必要であると考えています。障害のみを理由として、障害者でない者との間で不当な差別的取扱いすることはあってはならないということは言うまでもありません」

そして「個別の事案については詳細を承知していないのでコメントを控えたい」と断り

つつ、避難訓練の問題に触れ、船後議員の言うとおり、中学生なのだから自分たちで避難する方法を事前に備えられるだろうと答えます。そしてそのあとに続く答弁。

「最近、国立大学の教職課程も障害を持つ学生さんが増えてきました。残念ながら、最後、その出口で教員免許を取ってくれない人たちも多いんですね。それはやっぱり、教育現場に立つといろいろ周りの人に負担を掛けるんじゃないか、あるいはその途中で自信を失ってしまって教師の道を諦めてしまう人たちがいるんだとすればこれはすごく残念なことで、インクルーシブ教育を考えたら、障害のある先生が学校に一人いらっしゃることで私は子供たちの理解も高まるんだというふうに逆に思いますので、自信を持って最後まで教職で教員資格を取ってもらうことを是非促していきたいなと思っています」

文科省には文科省の思惑があり、そこには政治的判断も当然含まれるでしょうから、私のような在野にいるジャーナリストがそれをどう受け取るのか、慎重さを要するのですが、公式見解としてその通りのことが述べられています。さらに大事なのが次の答弁です。

「またあわせて、せっかく、今日は午前中からずっと申し上げていますけど、この四月からもう日本の公教育はフェーズが変わるわけですから、少人数学級が始まりＩＣＴ〔パソコン、タブレット端末、インターネットなど、情報通信技術を活用した教育手法〕も使うわけですから、私は、そういった意味では、障害のある人たちの雇用計画は日本中でもう一度教育現場で考え直して、是非積極的に現場に入っていただくようなこともこの際きちんと考えていきたいと思っているところでございます」

ここはとても大事だと感じました。重要な点は二つ。

「日本の公教育はフェーズが変わる」という認識を述べていること。

もう一つは、変化の重要な一つがICT教育の導入であり、それが、障害のある教員の雇用と結びつけて捉えられていること。

この二点です。なぜICT教育の導入が障害のある教員の雇用に結びつくのか。以前、ユニバーサルデザインというテーマを取り上げましたが、ICT機器はまさにユニバーサルデザインであり、障害のある先生にとって活動の場が広がるという利点は間違いなくあります(ここにはGIGAスクール構想をめぐる問題があり、慎重な検討を要するのですが、ひとまず置いておきます)。

くり返し確認しておきますが、これから迎えるであろう公教育の大きな変化が、障害のある教員の雇用や活動の広がりと結び付けて考えられている、それがポイントです。もちろんICT機器の導入が先であり、障害のある教員の活躍というのは後で付けた名目でしようが、だとしてもこのことの重要さは変わりません。

▼障害教員の見えない「壁」・再考

ここで前述した秋田県教委の「回答書」の末尾部分を、見てみることにします。担任等の校務分掌の決定に関しては、法令に対する明らかな違背がない限り県教委は関与しない、と述べた次の段落です。

「しかしながら、学校教育目標実現のため、経営方針に沿って職員が主体的に取り組み、一人一人がよりよい学校づくりに参画しているという意識を実感できるよう、勤務条件をよりよいものに改善していくことは必要なことであるから、市町村教育委員会と連携しながら人的支援について引き続き配慮してまいります」

これが結論部分なのですが、文科省より、ＧＩＧＡスクール構想が打ち出されたのが一九年一二月。この文書が出される以前です。文科大臣が述べていた公教育のフェーズの変化や、ＩＣＴ教育の進展とそれがもたらす変容が、ここに示された「回答書」に含まれているかどうか。「よりよい学校づくり」「勤務条件の改善」「人的支援についての配慮」が、それを含むものとなっているかどうか。「もちろん認識している」と答えるはずですが、私が何を述べようとしているのかといえば、船後議員が現場についての次のような〝現状〟を述べていたことによります。

「障害のある教職員ネットワーク」のアンケート結果として（回答者が一六名と少ないと断りながらも）、「障害者活躍推進計画」に基づく合理的配慮について、事前にきちんとした説明がなかったという回答が八八パーセントあったと指摘していること。「合理的配慮について双方の話合いや検討が十分になされないまま担任になることを諦めさせられている実態があるのではないかと考えられます」

三戸さんもこのケースに該当し、合理的配慮をめぐる見解の相違があったことは何度か報告してきた通りです。

さらに船後議員は、『障害教師論』の著者である中村雅也さんの、次の見解を紹介しています。中村さんは、障害教員が学級担任を希望しても実現されないという訴えを度々耳にしてきたが、他方で、「障害教員への配慮として担任を免除しているという教育委員会が六割以上あった、障害教員の担任業務に対する配慮は免除だけではないはずだ、適切な支援を受けて担任業務を遂行する方策も探られなければならないと（中村さんは）しています」と船後議員は述べています。

引用の主‐述が錯綜していますが、押さえておきたいことは次の点です。
・合理的配慮について、事前理解の共有が不十分なケースが少なくない。
・説明のないまま担任希望を諦めさせられている。
・担任の免除は障害教員への配慮だとする教育委員会が六割以上に達する。
いずれも、三戸さんが訴えてきた問題と地続きになっていることが分かります。

さて、以上のことから、どんな結論を引き出せるでしょうか。ここでは、広い視野からのまとめを述べてみたいと思います。

一つは、文科大臣の答弁を分析しつつ示したように、これから大きな変化が学校教育に訪れるが、その変化は、障害のある教員の雇用や活躍と関連している、それを促すものとなる、そう文科省では理解されていることです。

現場がどこまでその趣旨をつかみ、深く受け止めることができるかどうか。担任問題をめぐる「総合的判断」にも、当然ながらそれが求められていくわけです。この感度を持たない「総合的判断」は、教育全体の動向とのズレを生み、ますます淘汰されていくだろうと思われます。

二つ目は、「回答書」に見られた「よりよい学校づくり」や「配慮」や「支援」といった「正論」が、こうした理解を欠いたまま、言い換えれば旧態依然とした認識のまま示されるとき、障害のある教員にとってはそれが差別や排除として働きかねないということです。

「差別したつもりはない」「そんな意図はない」と抗弁すればするほど、自身の人権感覚や「合理的配慮」の認識の不適切さを指摘されることになる。これまでの「常識」がむしろ壁になるわけです。

この二点が、結論になります。これが三戸さん一人の問題ではないことは、もはや言うまでもありません。教育界固有の旧態依然とした慣習や考え方を自己保身的に守ろうとするか、共生や社会的包摂や合理的配慮といった人権領域のテーマについて、全国に先駆けたモデルケースとなりうるような判断を示すことになるのか、ひょっとしたら全国の教育関係者がひそかに注目を寄せているのではないでしょうか。

エピローグ　「障害のある教師」の問題を新しいステージへ

▼二〇二一年の三戸さん

四月の取材の後、二〇二一年度は、結局、県教委からのはかばかしい回答のないままに過ぎました。それでも公私ともにいくつかの動きがあったようで、三戸さんに簡単に振り返っていただきました。

一〇月に、中田弁護士が秋田に行き、県教委、中央教育事務所、町教委、学校長といった顔ぶれで話し合いを持ちました。内容は主に二点あったといいます。

二一年間、普通学級の担任を任されることはなかった、その理由が、時々の校長の「人事は適材適所であり、校長の裁量権だから」というものだったが、二一年もそれが延々と繰り返されたのは、本当に妥当性のあるものだったのかどうかという点が一つ目でした。

もう一つは、こうした状況を抱えるのは三戸さんだけなのか、他にも同様の教員がいるのかというものでした。県教委は、二〇年学級担任をしていない教員は秋田県内に他にもいる、後日時調べて報告をすると答えたといいます。

しかしこの報告は、結局なされませんでした。県教職員組合の担当者も、そのような状況に置かれた教員は聞いたことがないと言います。中田弁護士は、校長の裁量権は尊重しなければならないが、二一年間も、はっきりとした理由のないままにこうした事態が続いてきたというのは、「裁量権の逸脱」という疑いも考えられるので、全国的にどうなのか、今後調べていきたい、といった趣旨のことを話しました。

県教委の対応になんの変化も見られないまま、結局三月に入り、次年度の人事異動に入ることになります。

私的な場面では旺盛な活動を続けていました。三戸さんの目的は、自分の担任問題を一緒に考えてほしい、また自分以外の障害のある教員にとっても、いろいろな課題があることを知ってほしいというものでした。オンラインでいろいろな人と出会い、ミーティングをくり返してきたといいます。

「ZOOMを使って、いろいろな人と、かかわりを持てるようになりました。仲間とともにオンラインイベントを企画し、開催することで、障害のある教職員の課題や役割について、オンライン上で発信できることを実感できました。これからは、オンライン発信は大きな力になる、そう感じた一年でした」

オンライン会議は、一年前の朝日新聞の記事をきっかけに、三戸さんの担任問題に関心を持った有志が集まり、二回行なわれたといいます。一回目は八月、障害のある教員が学級担任をもつことの壁を考えようというテーマを中心に話し合いがもたれました。二回目は一二月、他の障害のある教員にも加わってもらったといいます。そこで、こうした企画は単発ではなく、継続していくことの重要性が確認され、次回は二〇二二年の五月、ある障害者団体の人にも加わってもらって開催する予定だと言います。

一一月には、「障教ネット（障害のある教員のネットワーク）」の全国集会がオンラインで開かれました。そこでは、「担任問題」「学校のバリアフリー化が進んでいない問題」「ヘルパー支援が職務に利用できないこと」「障害者活躍推進プランがどこまで生かされているか、現状を調査すること」といった話題が出されたと言います。こうした課題をどうやって文科省の担当者に伝え、また多くの人に関心を持ってもらえるようにするか、そうした問題にも取り組んでいくことが確認されました。

▼コロナ禍での生徒たちとのかかわり

次に、学校での二一年度のトピックスが何だったかと言えば、メディア主任としての活動だったと言います。一つはタブレットを使って、生徒や教員に、その使用方法についての主導的な役割を担うことになり、頼られるようになった、これは自分でも励みになったと言います。

もう一つは次のようなものでした。三戸さんの勤務する学校には、テレビ放映ができる設備があり、放送室にビデオカメラがあって、そのビデオカメラから各教室に映像を送ることができるといいます。

「この間、コロナ禍で集会活動が制限されていました。それまでは、全員が体育館に集まって集会というかたちでやっていた行事も、すべてテレビ放送になりました。放送室の前の出会いのひろばで生徒が大会に向けての決意表明をする、大会が終わったらその報告会をするといったように、いろいろな集会をテレビ放送を使ってやることになりました」

そのことによって大きな変化が生じました。これまでであれば、三戸さんがタッチすることのなかった集会に、かかわることができるようなったことだといいます。

「企画段階での打ち合わせから、当日の動きまで、テレビ集会での企画立案のすべてにかかわることができたことは、自分にとっては初めての経験でした。充実した一年を過ごすことができて満足感があります」

メディア主任は、メディア委員会も担当しました。委員会活動で、特に印象深かった企画はどんなものだったかと尋ねると、次のように答えました。

「昼の放送を使った委員会活動で、なにか新しい企画をやろうということになりました。そこで出てきたのがイントロクイズでした。生徒たちの発案です。給食の時間に、自分たちで曲を選んできて、最初の一〇秒を流す。答えをクラスでとりまとめて解答用紙に書き、クラスの学級委員長がメディア委員の生徒に渡してもらう。答えは次の日の昼の放送で発表する。いま給食は黙食ということになっています。たった一〇秒ですが、みんなで集中して聞き、生徒は楽しむことができたといいます。好評で、二回やりました」

▼新しい人事異動から考えたこと

そんなふうに充実した一年を過ごしてきたのですが、二〇二二年三月の校内人事にあって、またしても担任希望をかなえることはできませんでした。心情を察すると取材がためらわれたのですが、三月下旬、話を伺うことにしました。

内示は三月一五日に行なわれ、異動のないことが伝えられました。その日、次年度の校内人事における希望調査が行なわれたので、三戸さんは「学級担任を希望する」と書いて提出しました。校長からは特に何も打診はなく、そのまま二五日を迎えます。二五日、八時半ごろ校長室に呼ばれました。教頭もその場にいたといい「自分は今年度で定年退職なので、教頭にもあなたの気持ちを聞いておいてもらいたい。そういうことで同席をしてもらっている」、そういう話だったといいます。そして次のような話がありました。

「今年もあなたの希望をかなえることができなくて、申し訳なく思う。理由は、来年度は普通学級が四クラスで一学級減になり、担任の枠が減っている。教師の経験年数が若い先生が多く、担任は若い先生にお願いすることにした。申し訳ないが枠がない」

そして三戸さんには、学年副主任とメディア主任をお願いしたいと伝えられたと言います。

「あなたも今年で四六歳になるのだから、学年主任を補佐する副主任という立場で、学年全体のことを考えてほしい。時には若い先生たちを指導する立場にもなってほしい。メディア主任をお願いしたのは、今年度もタブレット端末でのオンライン授業や、タブレットを活用した授業づくりは、あなたでなければ本校にはできる人がいない。引き続き任せたい。頑張ってもらいたい」

そういう話だったといいます。三戸さんは言います。

「これを聞いて、残念、がっくりという気持ちでした。自分としては学級担任の話は機が熟したのではと思っていました。校長は、担任として特に課題や問題点はない、校内事情で担任につけることはできなかった、という話でした。期待があった分、落ち込みも大きかったです。状況は一つも変わっていません。また一年間担任問題が継続していくことになるので、気持ちを切り替えて、また担任問題と向き合っていかないといけないかな、と思っているのですが……何を頑張れば担任になれるのか、その目標がないのです」

またしても、見えない大きな「壁」に阻まれました。悔しさは、察して余りあるところです。

見てきたように、県の教育委員会は、校内人事は学校長の専権事項であるとし、市町村教育委員会の指導を受けながら行なうものでもある、ともしています。その内容についての質問が少しでも具体的なものに及ぶと、答えられないという回答をくり返していました。

三戸さんの「担任問題」は、県を相手に訴えを起こしているケースなので、一般的な教員の人事問題と、はたして全く同等なのかどうか。そこはとても微妙な気がします。言い換えれば、学校長のまったくの一存なのか、町教委の意向も含んでのものなのか、町教委のそれに県教委の意向はまったく含まれてはいないのか。尋ねても答えてはくれないでしょうが、少なくとも、県をあげて、あるいは町教委と学校をあげて、三戸さんに担任になってもらおうという態勢にはなっていないという、そのことは分かります。

三戸さんにコメントを求めると、感想として次の三点について話してくれました。

二二年間、希望しても担任になれない教師がいる。理由を尋ねると、適材適所、校内と地域の事情、総合的判断。こういう答えが二二年間続いてきた。このことをどう考えればいいのか。「私には、障害があるからとしか考えられないのですが、それはともかくとしても、これは私が声をあげ続けなければ、誰も気が付かない問題です。車いすの中学校の先生？ すごいですね、がんばっていますね。それで終わりです。でも「二二年間、希望しても担任ができないのです」というと、ほとんどの人が、「なんで？」「おかしいんじゃないの？」と思います。一緒に考えてもらえませんか。それが、私が一番言いたいことです」

二点目は次のようなものでした。これまでであれば、地域の人たちから不安の声が上がる、緊急避難時の問題がある、そう言われてきたが、ここ三年ほどは、担任としての課題はないというところまできた。これまでの積み重ねと社会状況が変化が大きいと思う。しかしそれでも、結局変わらなかった。「何とかしなければいけない、それくらい大事な問題なんだって、本気で考えてくれているのかなと思いますね」

私は、尋ねるでもなく、次のようなことを伝えてみました。

校長が英断できなかったのは、つまるところ、秋田県教育委員会の考え方や姿勢といったものの影響が大きいのではないか。三戸さんの訴えに対して、本気になって解決しようと考えていない。決定権は校長にあり、校長の裁量権の中で決められていくことで、県教委にいくら言われてもどうすることもできない。判で押したようにそう答えるが、現場の問題もさることながら、県がどこまで本気で取り組もうとしているのか、批判されても仕方がないのではないか。残念ながら私にはそう感じられるのだが。

三戸さんは次のように答えました。

「そうですね。仮に、私に担任を任せようと考えるのであれば、本格的に環境を整え、校長が踏み切れるような人的な配置はできるわけですね。それをなぜやらないのか。結局、校現場の裁量権とか、決定権は校長にあるとか、総合的判断とか、そういう答えが繰り返されてきたわけですが、県がもっと積極的に、こういう人事をするから現場も前向きに考えなさいという姿勢をはっきりと示してくれれば、現場ももっと本気で考えてくれるのかなと思いますね。その点は残念ですね」

三点目は、学校教育はどうあるべきかという、三戸さんの教育理念にかかわるものでした。多様性の感覚を身につけること、それが、これからを生きていく上でとても大切なことだ、そう考えていると三戸さんはいいます。

「目の前に障害のある教師がいる。そのとき学校はどう変わり、子どもたちはどう変わるのか。生徒と私の関係が、学校生活を通してどう変わっていくのか。子どもたちは、私の姿を見て何かを感じます。私に言語の障害があるから、子どもたちは自然と耳を傾けるようになるという、そういう側面もあるわけです。それは隠れた教育的価値だと思っています。板書の字は上手に書けない、三角形も書けない、円もいびつ。それでも数学の授業ができているわけです。それが日常を通してのメッセージになっていて、そういう意味で、私がやっている教育は、ある一定の効果があると私は受け止めています。そんな教育を大事にし、同僚と共有したいと思っています」

教員になって六年目のとき、修学旅行の引率をしたことがあったといいます。生徒と一緒に東京の街を歩いたことがとても印象的だった。

「私は電動車いすで、生徒は歩いて移動したのですが、生徒たちは、東京の街は歩きやすい、秋田に比べて段差がない、駅員も駅で待っていて対応してくれる、バリアフリーってこういうことかということが分かった。そういう感想を述べてくれたのです。それはとても大事なことだと思います。それが子どもたちの生きた力になる。学校はそういう方向に変わっていかないといけないんじゃないかと思います」

障害がある、ハンディキャップがあるということを、ネガティブなものだとのみ受け止めるのではなく、その感覚や感度をどう新しいものに変えていくか、そのことをいま私たちは求められているのではないでしょうか。「障害」をマイナスのものとしてではなく、双方が（つまりは障害のある人もない人も）、そこにどう別の価値を見いだしていくか、そのことでお互いの生き方がより楽になり、どこまで生きやすくなるか、そういうことが求められる時代になっているのだと私は思います。

あとがき　「障害があるからこそ、できることがあるのです」

プロローグでも書いたように、秋田は私が生まれ、一八歳まで育ったところです。両親は教員でした。高校の友人や同期のうち、一〇名以上の人間が秋田で教員をしていました。私も二四歳、二五歳の二年間、非常勤講師を勤めました。

最初は中学校の特殊学級（いまでいう特別支援学級）で一学期間をすごし、二学期になって小学校の四年生の担任を。そして三学期の一冬は、山深い冬季分校（本校のスクールバスが通えなくなる一月から三月までの期間の分校）で、若い非常勤講師が二人、月曜から金曜まで泊まり込んで「学習指導」にあたりました。子どもたちは、小学校二年生が二名。秋田でのこの二年間はとても鮮烈な体験として、いまもはっきりと記憶に刻まれています。

こちらに来てしばらくたったころ、秋田の小学校中学校が、全国試験においてトップだというニュースが駆け巡りました。点数に一喜一憂する趣味はあまりないのですが、それでもこのときにはとてもうれしく感じました。秋田はあまり明るいニュースはなかったので、誇りに感じていました。そんなわけで、現在居住の地としている千葉よりも、離れて五〇年にもなる秋田のほうへ、私のシンパシイは強く働きます。

ところがなんとしたことか、今回の仕事は、その秋田の教育界に対して苦言を申し上げなくてはならなくなりました。最初は迷いました。両親や友人が務めた秋田の教育界です。私も教員として恵まれたスタートを切らせてもらったその秋田に、それはいかがなものかと、物申さなくてはならなくなったのです。しかも、他のテーマならば素通りという選択肢もあり得たのですが、今回の「障害」をめぐるテーマは私のライフワークであり、正念場です。

記事を見て、それから三戸さんのお話を聞いてすぐ、私は応援の旗振り役をすることを決断したのでした。教育県秋田だからこそ、こうした問題に先駆的に取り組むべきなのに、またそうしてほしいのに、まったく逆のことをしている。私にはそんなふうにしか感じられなかったのです。

もちろん、面白おかしく騒ぎまわることも、秋田の教育をけなしてしまおうなどという発想も、敵対するつもりもまったくありません。その点はぜひとも理解していただければと思いますが、考えるところは、遠慮なく書かせていただきました。

本文でも何度か繰り返している通り、障害の問題をはじめとするマイノリティとその人権問題は、教育の現場にとって、これからますます重要な試金石となっていくはずです。文科省は、障害と人権の問題に対してこれまで以上に現場での取り組みを求めてくるはずです。

人権教育とか、合理的配慮とか、多様性や共生社会とか、社会的包摂とか、単に言葉の意味を知っているだけでは覚束ないような、そんな時代が間もなく到来するはずです。もちろんここでの私の主張が、世にいうポリティカル・コレクトネス批判のようなそれとは、一線を画していることはお分かりいただけるはずです。

▼これから先生を目指す人たちへ、三戸さんからのメッセージ

若い教員や、教員をめざす若い方たちへメッセージを寄せてくれますか、と問いかけると、三戸さんは、次のように答えました。

三戸さんは大学四年生の頃から「障害があるからこそ数学教師になりたい」、ずっとそう考えてきたといいます。

「採用試験は一九九八年で、間もなく二一世紀。二一世紀は間違いなく共生社会になる。

そう確信していました。共生社会を作っていくためには、早い時期から障害者に接していたほうがいい。中学生の時期は多感であり、そのときの経験は貴重です。「隠れたカリキュラム」ではないですが、自分の存在そのものが、子どもたちにとって教育的効果を果たすことができる。そういう信念がありましたし、それが教員をめざすモチベーションになっていました」

障害があるからこそできることがあるんだ、というのはまさに逆転の発想です。この言葉は、三戸さんの中学生以来の、自分の行動が周りを変えてきた、友人や仲間たちにも「力」を与えてきた、という体験が染み込んでいるだろうと思います。さらに言います。

「みんな一人一人役割が違うし、自分にしかできないことが、必ずあるはずです。受験を目指す方は、自分はなぜ教師を目指すのか、どんな教師になりたいのか、そうした信念をしっかりもって臨むことが大事だと感じます。多様性を尊重する教育現場になることを私は目指しているわけですが、そのためには障害のある教師が増えていくことが大事です。障害のある大学生が教師を目指してくれるためには、現場で働く姿を見て、魅力的な職業だと思えることとです。そういう意味でも自分たちが活躍できる場を増やしていきたいし、その姿を見てほしいと思います」

「多様性が尊重される教育現場」というのは、おそらくこれからの学校のキーワードです。「社会的包摂（インクルーシブ）」などというと難しく聞こえますが、いろいろな人とメンバーシップを作っていける、仲間になれる、そういうことだと思います。本書が何らかの一助となれば、大変うれしい次第です。

この本は、『教職課程』二〇一九年一〇月号より、二〇二一年九月号まで連載された原稿のなかから、「障害のある先生」というテーマに即したものを拾い集め、加筆訂正を加えて一著としたものです。取材に応じてくださった三戸学さんをはじめ、赤田圭亮さん、中村雅也さん、中田雅久さん、元同僚や友人の皆さんに深くお礼を申し上げます。

また協同出版の編集者、河田朋裕さんと井上優子さんには連載中より大変お世話になりました。併せて、感謝を申し述べます。

二〇二二年四月二五日

佐藤幹夫

佐藤幹夫（さとう・みきお）

1953年、秋田県生まれ。2001年よりフリーランスとして、執筆や、雑誌・書籍の編集発行に携わる。1987年より批評誌『飢餓陣営』を発行し、現在55号。
主な著書に『自閉症裁判』（朝日文庫）、『知的障害と裁き』（岩波書店）、『ルポ　闘う情状弁護へ』（論創社）、『ルポ　認知症ケア最前線』（岩波新書）、『認知症「700万人時代」の現場を歩く』（言視舎）、『評伝島成郎』（筑摩書房）他多数。近刊に、村瀬学との共著『コロナ、優生、貧困格差、そして温暖化現象――「世界史的課題」に挑むための、私たちの小さな試み』（論創社）がある。

本文組版……水谷イタル
編集協力……田中はるか

【シリーズ　現場から】
「車いすの先生」、奮闘の記録
彼はなぜ担任になれないのですか

発行日　2022年6月30日　初版第1刷

著者　佐藤幹夫
発行者　杉山尚次
発行所　株式会社 言視舎
東京都千代田区富士見2-2-2　〒102-0071
電話03-3234-5997　FAX03-3234-5957
https://www.s-pn.jp/
印刷・製本　モリモト印刷（株）

ISBN978-4-86565-226-0 C0336